工商企管系列001

二十一世紀新工作浪潮

自序

許多朋友問我，是什麼動機決定開始了SOHO的生涯呢？其實這個問題連我自己都不清楚，似乎是一連串的巧合與因緣際會所促成，使得懵懵懂懂的我一腳跌進SOHO的行列裡，而且隨即就被突來的自在生活沖昏了頭，未預料到前面的路竟是如此艱辛。

總想，既然是自由彈性的工作空間，何必刻意去規劃與約束呢，當然更不曾思考過未來事業生涯的情景。反正走一步算一步囉！就是這樣盲目且消極的想法，讓我吃足了苦頭，更認清有些事情絕對沒有你自己想像的那麼簡單容易。

過不久，財務危機、生活混亂及健康等問題接踵而來，逐漸形成無形、有形的雙重壓力，此時，我不禁產生疑惑的心，究竟要急流勇退呢？還是堅持下去？直到我因機緣接下這本書的時候，才有另一個轉機出現。

當我開始準備書寫此書時，心中便有了一個決定，定要藉此探究SOHO的真貌，並且釐清自己未來的事業生涯規劃。於是開始針對SOHO所可能遭遇的種種問題，著手進行資料收集、採訪相關人士及相關書籍的閱讀，希望除了協助自己面對問題之外，也能提供即將或考慮從事SOHO工作型態的人一個方向。

藉由撰寫本書的過程中，我真正了解什麼是「SOHO族」，這個答案不僅只是單純的定義解釋，而是更整體化、深切性的瞭解，過去我曾存在一些誤解、鬆散的想法也全然改觀，轉而以更加嚴謹的想法看待它，絕非是順應著世紀潮流的鼓動而盲從。

冷氣團來襲的深夜，敲打鍵盤的十指也因冰冷而僵硬，但是回想這一路走來的種種，我所獲得已超過原來所想像，老實說，真的很慶幸能成為SOHO族。

廖淑齡

二十一世紀新工作浪潮

目錄

第一章

新工作浪潮

第一節　新世紀的就業趨勢

早晨，被優美的音樂叫醒，伸個懶腰，進入浴室梳洗一番，更換一身輕便的服裝。一杯濃郁的咖啡、營養的早點是一天中不可或缺的能量，悠閒地享受早餐及片刻的寧靜，讓你整天都能精神奕奕。

該工作了！辦公的場所就在自己家中所精心佈置的工作室內，所以花不到一分鐘的時間就到了「辦公室」，打開音響，讓音樂飄散在房間內，再開啓電腦讀取今天的工作進度、行事曆，順道檢查一下是否有新的郵件及工作。

是的，這就是在家工作者！也就是目前大家所談論的「SOHO族」，他們不必一大早就栽進擁擠的車陣中，更無須每天追逐著打卡機。他們追求自由及自我發展空間，所以讓自己成為工作的主人，而非工作的奴隸。在家上班的工作模式，讓他們自由、自主地調配工作與休閒的時間，不受限於固定的辦公模式，這樣的工作型態，將是二十一世紀的就業新趨勢。

近幾年來，SOHO的工作模式已然在世界各地形成一股新趨勢，然

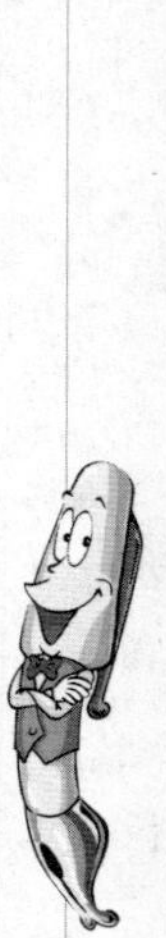

而，何謂「SOHO」呢？仍有許多人不明究其真理。若就字面上來說，所謂SOHO乃為Small Office Home Office的縮寫，意指小型的家庭辦公室、個人工作室等工作型態。這樣的工作模式主要起源於美國，在商業競爭激烈的美國，企業主都希望能取得最大的競爭優勢，當時部分的企業主考慮到辦公室龐大的租金問題，另一方面也是為能提高員工的生產力及提振工作心情，於是提出了這種令勞資雙方都相當滿意的方案，讓員工不必再受限於固定的上班時間，只要能順利地完成交付的工作即可，所以逐漸形成在家上班的工作型態。

工作觀念驟變的主因

事實上，在工業革命之前，人們都是屬於在家工作的型態，如務農者、醫生等多是小型的家族企業，直到產業經濟革命，工廠興起，需要大量製造生產，才讓人們步出家庭，形成上班族的工作型態。

在世界不斷地運轉與進步下，經濟結構自然也跟著改變，社會又從產業性經濟轉型為資訊與服務性所主導的經濟，這樣的轉變促使人們的就業方式再一次有了重大變化。直到二十世紀末的今日，工作觀念與型態皆有如此巨大的變化，其主要原因為何呢？以下的因素或許可以解釋它：

一、資訊科技的快速發展

「SOHO族盛行的主因，在於網際網路風行的緣故。」網路SOHO丁肇芸如此認為。網際網路及全球資訊網的普及化，讓每個人突破過去自限的環境，同時也提供個人自我表演的舞台，只要你願意！除此之外，大量的資訊在網路上流動著，使得知識的吸收也不再侷限在特有管道中，當然網路也因而改變了傳統的學習方式。

其次，乃是在於高科技工業的迅速發展，日新月異的新科技產品不斷地產生，偉大科技公司董事長張福賢表示，新科技產品多以輕、薄、短、小且可攜帶式為研發目標，不再像過去那麼笨重。再加上電腦、網際網路、傳真機等能使資訊傳播更無遠弗屆，以至於工作者只需配備一部筆記型電腦、數據機、電話及網路系統，即可輕易地將辦公室隨身帶著走。

二、經濟結構的轉變

近年來，全球性經濟不景氣，大失業潮的來臨，使得企業為了生存不得不精簡人事，也就是所謂的「企業減肥」，由逐年上升的失業率即可看出，已經沒有所謂的「鐵飯碗」了，傳統上班族將隨時處於失業的夢魘

中，因此造成現階段就業文化的參差不齊、工作流動比例偏高。

盤石職涯諮詢中心董事長石銳表示：「近年來，企業經營的轉變蠻多，為了讓企業繼續經營下去，許多公司開始實施組織扁平化、精簡人事及企業重整等節省人事成本的動作。」他表示由於企業逐年的裁減人員，有些人被迫成為SOHO族。因此，也造成了SOHO族的人數逐年在增加中。

三、自我理想的追尋

每個人都有屬於自己的生涯規劃，在每一個階段都設定了一定的計畫與目標。石銳談到生涯轉型期時，他表示：「部分三十到五十歲且工作資歷豐富的人，當他在工作生涯遇到瓶頸時，總會想到是否該突破或轉型的問題，其中當然有人開始不想再幫人作嫁，於是產生自己當老闆的想法。」若就傳統上班族的職涯規劃而言，大多是一步步的爬升，以時間換取成就，譬如五年升上主任、七年才熬得到經理的職務，然而，要到總經理的位子則更是遙遙無期，使人不禁地想要自行創業。

由於每個人的知識與技術越來越專精，促使每個人在工作職權上的分工細瑣，對於工作範圍的限制也比較多，容易讓人有被束縛之感，使人感覺在公司中沒有辦法充分發揮所長。

除此之外，上班族心態的轉變、自我意識的覺醒也是主因之一，近幾年來，新新人類對於企業的認同意願低落，期盼擁有更多自由及獨創性，因此企業內制式化的上班模式，已逐漸地無法束縛住年輕人，因為他們寧願做一個辦公室的逃兵，也不願再是工作企業組織中的小小螺絲釘。

四、回歸家庭

「家的呼喚」是人類最原始且最真切的聲音，朝九晚五的上班族，幾乎長時間待在工作的場所；或是飽受塞車之苦，與家人的相處越來越少，更沒時間和孩子做感情的交流，使得家變成旅館般，只是一個睡覺的地方，與家人之間的交談變得冷淡了，家庭的危機也就跟著浮現。因此，無法兼顧工作與家庭一直為上班族所困擾的問題，似乎有「魚與熊掌難以兼得」之憾，因而「回歸家庭」的想法，成為傳統上班族回家工作的一項因素。

美、日兩國SOHO族的現狀

根據一九九七年的最新統計資料顯示，美國已約有五千兩百萬的人口屬於SOHO族，佔全部就業人口的百分之四十，這個數字包括有自雇、在職及兼差SOHO的人數。而且根據報導，美國在家上班的員工，最近兩年約增加了百分之三十，到了一九九七年止，在職SOHO已達一千一百一十萬人。同時日本經濟新聞也指出，美國在家上班人口快速的增加，約佔全美就業人口的百分之十。

日本也因經濟不景氣的影響，許多企業因為度不過經濟危機而紛紛破產倒閉，公司一夕間化為烏有，對於上班族衝擊最大，促使一向最忠於企業的日本人，也必須正視且深思可能失業的問題。在日本根據一九九七年一項有關就業意識的調查，其中「未來將獨立從事工作」及「想轉職換工作」的受訪者高達百分之五十三，其中以年輕人在這方面的傾向最強。

在一九九六年，日本衛星辦公室協會對以SOHO方式的工作者做一項調查，據他們調查指出，在日本一星期一次以上，採用SOHO方式上班者約有六十八萬人，顯示在家工作的型態在日本的就業市場，已逐漸地在萌芽生根中，雖然目前數字與美國比較仍有極大的差距，但新時代日本人的工作觀念已經逐勢轉變，而在家工作者也正逐日地增加。

然而，日本的SOHO族有一點與美國的極為不同，就是日本的SOHO

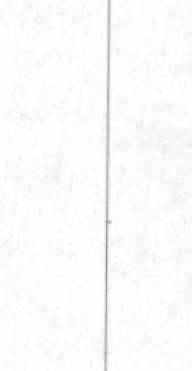

族多以家庭主婦為主，根據日經商業週刊調查顯示，居家辦公的工作者中，以高學歷、年齡在三十至三十五歲的家庭主婦佔最多，主要是日本的社會觀念不同，過去日本婦女的工作能力一直被漠視，使得有能力的女性因結婚而離職，浪費了社會資源，然而，在經濟不景氣的狀態下，許多女性工作者開始重新投入工作，而「SOHO」工作方式使日本婦女能兼顧家庭與工作，這就是家庭主婦轉為SOHO族偏高的主因。

即將邁入第二個千禧年的現今社會，許多事物都在急速變化中，在就業市場中也將有一場新的變動。每個上班族在選擇工作時都希望能「錢多，事少，離家近」，如果有一份工作能賺錢又能舒適的辦公，何樂而不為呢？另外能夠減少一些無謂的交際應酬，自在且具彈性的工作模式，更是SOHO族令人欽羨之處。而未來一般人的工作大概也不外乎下列四種型態：「在企業內工作」、「個人工作室」、「加盟開店」、「從事直銷」。然而不管是何種型態的工作，現代人無不希望能兼顧工作與家庭，就工作方式而言，「在企業內工作」的方式是最受約束且不自由的，而後三者就較具彈性空間，十分適合在家工作。

當然時代正在轉變，富比士雜誌預測，到千禧年之時，美國勞動人口將有一半以上是SOHO族，二十一世紀的人們，不再為了工作而工作；而是為了自己而工作、為生活而工作、為個人志向而工作，工作將不僅是形式化的規定，這是一股擋不住的浪潮，它將席捲全球的整個就業市場。

然而造就這場革命，並非一蹴而成的偶然，而是許多的客觀環境所塑造形成的。再加上資訊科技的推波助瀾，使得在家上班的風潮，如野火般燃燒全球的就業市場，誠如美國資深個人工作者傑夫．伯那(Jeff Berner)所說：這是一場「辦公室的革命」，一項嶄新的就業文化已悄然萌芽了…

第二節 SOHO族在台灣的過去、現在與未來

自世界各國燃燒起的SOHO風，近來已在台灣逐漸被熱烈的討論著，事實上，國人對於「當老闆」的興趣一直十分濃厚，即使規模不大的公司或店面也照樣樂在其中，雖然目前SOHO市場仍以歐美地區最為興盛，不過，台灣在近幾年緊追其上，可由街頭上的個性商店、花店及咖啡屋等小店面到處林立之狀，可見一斑。

為何SOHO的工作模式會在台灣造成不小的震盪呢？最主要乃是近年來全球性的經濟不景氣，許多企業開始大量裁員，以至於失業率大增，部分的專業人士轉而自行創業；另外工作觀念的改變也是其因之一，從過去重視工作團隊精神到個人主義的興起，現代人越來越講究自由的工作空間。加上對於自我理想的期許及追求，以至於有人轉而投入SOHO的行列中，渴望擺脫傳統企業的約束，從事更具彈性、自在的工作空間。

SOHO族在台灣的發展過程可分為三個時期：萌芽期、茁壯期及成熟期。以下就每時期在就業市場所佔的地位分作說明。

台灣過去的就業模式——萌芽期

網際網路尚未盛行之前，資訊科技發展仍僅限於固定的進展，SOHO的工作模式也僅限於傳統的個人自我創業，多以小規模商店的設立較多，除此之外，保險、傳銷及其他業務性質較重的工作，也以SOHO的方式工作，只是當時尚未有SOHO這樣的名稱出現，而為數不多的個人工作室也僅是其一。

台灣現階段的就業現狀——茁壯期

現階段台灣的SOHO市場正處於成長中，由於SOHO的名詞已逐漸形成，同時也被劃分為幾種類型，如自雇SOHO、在職SOHO、移動式辦公室等，皆在此階段逐漸出現。

偉大科技董事長張福賢談到台灣SOHO族逐日增加的原因時，他認為現階段台灣創業者的結構正在改變中，他指出創業的年齡層正在降低，同時也正在上升。或許你會覺得這句話有些矛盾，創業年齡怎麼可能既下降又上升呢？

對於這個問題他也做了說明，首先，創業年齡的下降的主要因素有下列幾點：第一、為了爭取經濟自由；第二，乃是個人能力的發揮；最後則是期望獲得團體的肯定與同儕的認同。因此，創業年齡逐漸往下降。

另一個特色乃是創業年齡的逐年上升，也就是指銀髮族創業的人數增加，許多人在退休後仍追求事業的第二春。目前擔任盤石職涯中心董事長的石鋭，就是退休尋求另一事業最好的例子，七年前他從某知名企業退休，在一般人而言，可能就在家休息養老了，但他卻選擇加入SOHO的行列，開始接洽有關企管顧問方面的工作，由於他過去累積了不少的人脈與工作經歷，對於工作可以很快就上手，使得他在退休後再創事業的第二高峰。

一、在職SOHO族

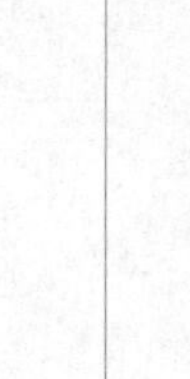

在職SOHO族，也有人將其稱為『電子通勤族』，根據報導美國已有超過約十分之一的工作人口，每週最少一天至兩天在家工作，並以電話、網路等電子通勤技術（Telecommuting）和辦公室維持連繫。上班族不再面對工作與生活兩難之擾，藉由更具彈性的工作模式促使工作與家庭兩者的平衡點。

目前國內也有企業引進「在家上班」的工作方式，HP惠普科技於去年五月開始推行「在家上班」的新嘗試，在實施該制度之時，惠普科技總經理黃河明曾表示，事實上台灣惠普醞釀實施「在家上班」制度已久，直到公司與員工家庭間的網路傳輸技術成熟，才決定於去年五月正式試行。

惠普科技由自願申請的內勤員工中遴選出七名「種子部隊」，每週在家上班兩天，先行實驗半年。由公司為他們裝設專線、支付專線費用，並提供筆記型電腦、網路卡、數據機和影印、列印、掃描三機一體的多功能事務機器一台。在家期間，員工則必須每隔兩小時打電話回公司聽取語音信箱的留言。

對於試行人選的評選方面，惠普品質暨人力資源處副總經理郭耿聰曾表示說，工作性質、自律的個人以及和管理團隊的配合度，是決定彈性管理制度成功與否的三項因素。並非每一個人的職務性質都適合在家上班，向來獨立作業者如網頁設計、專案企劃等員工，可以允許在家上班，類似總機、業務人員等必須和客戶面對面溝通的工作便不可行。

經過實驗半年後，惠普科技公關經理劉露霞表示，大致上員工對於該制度反應皆不錯。但是否會擴大實施制度仍要以實際評估的結果為主。

二、行動辦公室

所謂「行動辦公室」（或稱移動式

辦公室），乃因業務性質工作的人經常在外奔波，待在辦公室的時間有限，多以通訊工具或是筆記型電腦與公司聯繫，再加上進步的電腦科技所促使而形成的新方式。以IBM眾多的業務員而言，若每個人都要有一個辦公空間，需要的空間則相當大，但事實上業務員在辦公室的時間非常少，因此使用這種機動式的辦公方式，業務員大都沒有固定的辦公位置，如果進到辦公室，找到空的位置後，自然電腦會把分機號碼、相關辦公資料都移到這個位置供其使用，這種行動辦公室可以大幅節省企業的辦公室成本。

目前國內推行該制度的企業中，以IBM、中國生產力中心及惠普科技較為積極。據IBM表示，目前該公司除了行政人員因工作性質的關係，必須每天進辦公室，業務人員通常是利用一台筆記型電腦，在外與公司聯繫，當然也能在家上班，這種工作模式已實施二年多，效果相當不錯。若就台北辦公空間的昂貴來估算，所能節省的辦公成本是相當可觀，對業務員而言，工作亦更具彈性。

中國生產力中心乃是國內首先實施「移動式辦公室」的企業，根據中國生產力中心經理賈中道表示，自民國七十九年起中國生產力中心開始實施組織扁平化，逐漸讓公司員工熟悉資訊化的環境，到了民國八十五年三月開始逐一實施「移動式辦公室」。首先，該公司預留三個月作為準備期，加上一個月適應期之後，將紙上公佈欄取消改為電子佈告欄，該公司的員工一上班就先設定使用的電話、電腦等，將行政作業「透明化」、「公開化」，因此必要時也可以在家上班。

實施後約二年多的時間，目前中國生產力中心的平均辦公空間是一人等於一點三人的使用率，未來他們的目標是一人空間可為三人使用，固定個人專屬置物櫃、交換機、電話語音、資料庫。賈中道表示資訊化的工作環境是未來的趨勢，它的好處在於工作環境資訊化能提高效率；對於企業也可使得員工流動率減低；最重要的當然還有可以為公司節省不少成本與時間。

他又指出，其實並非每一個企業都適合這種型態的工作型式，比較適合的公司最好是以業務為主的企業，除了企業性質之外，人數也必須達到一定的數目，否則經濟效益也不大。不過，無論企業規模大小，工作環境的資訊系統化則是適合任何公司的。

由於彈性制度的實施，有人上下

班時間錯開、有人在家工作；業務員又普遍運用筆記型電腦在外和公司聯繫，待在辦公室內的時間有限，透過這種種因素讓惠普員工逐漸改變傳統使用辦公室空間的模式，惠普也因此試行另一種嶄新的辦公型態——「行動辦公室」(Mobile Office)。「HP惠普的行動辦公室，等於諸多彈性制度衍生之下的配套措施；不同於其他公司所實施的Mobile Office制度，著眼點在於節省企業的辦公室成本，卻容易引起員工『認同不夠、溝通不良』的負面反應。」黃河明也曾有如此的看法。

目前HP惠普剛完工使用的一間「行動辦公室」，並未以強制方式要求業務單位運用，而是開放各單位自由運用，並以各種考慮週到、體貼的配備吸引員工。因為台灣惠普為亞洲區營運總部之一，平均每天來自各國的訪客超過十名，加上中南部出差北上的員工，他們現在只要進入行動辦公室，電腦插頭一插、連上網路，則和在自己的辦公室辦公沒兩樣。

台灣SOHO族的未來——成熟期

未來SOHO族的天空在哪裡呢？現階段仍是屬於成長期，SOHO

族的浮動性與不穩定性仍高，使得大多的SOHO猶如曇花一現，一股腦兒投入了又脫離，生命期極為短促，這就是人們對於SOHO認識不清之故，台灣目前仍需要幾年的成長與學習，方能真正體會其精髓所在。

邁入二十一世紀後，SOHO¶b台灣將會如何發展呢？在職SOHO人口會如歐美各國一樣持續增加嗎？它會是女性的就業第二片天空嗎？「我有一種預感，世紀末是女性創業的好時機」MIGI丁肇芸在她的書中大膽地預測著。她認為SOHO的工作模式可使女性創業的可能性大增。然而，究竟有哪些理由可以證實她的感覺呢？

一、多數女性無須負擔養家活口的責任

由於傳統的社會觀念與責任，促使男性必須擔負家庭經濟的責任，不似女性可以將「辭職」說得比較容易，可以說是女性的社會責任壓力較小，因此，在家工作較不會受到社會過多輿論的斥責，所以女性十分適合從事SOHO的工作方式。

二、兼顧工作與家庭，兩全其美

傳統社會觀念與教育方式的關係，女性仍舊被貼上需在家「相夫教子」的標誌，因此，在家工作之後可兼顧家庭，又可補貼部分的家用，何樂而不為呢？

三、職場上男女仍舊不公平

雖然已是二十世紀末，「男女平等」的口號猶在耳邊，但是女性的職場生涯仍是艱辛的，畢竟女人要想在企業中晉升到高職位，仍然十分困難，不如自行創業或許較有前途。

除此之外，也有人認為SOHO是銀髮族再出發的方式，種種大膽的預測與論點，更讓未來充滿了許多的疑惑與期待，就如人們面對千禧年之際，有著喜悅與恐懼兩相交錯的感覺一樣，就讓未來幾年去證實吧！

第二章

時下熱門的SOHO族

第一節　台灣SOHO大現形

SOHO風已然吹向台灣，對於傳統的就業市場必然引起極大的震盪，究竟目前台灣有哪些SOHO族？那些類型的行業最適合SOHO的型態，哪些行業最為熱門呢？這些行業又具備哪些特性呢？本節將由此作為切入點。

近年來，以SOHO為工作型態的人口已增加不少，單就工作類型與行業別也有所別，為了區分工作型態的差異性，有人就針對SOHO在工作中自主程度作一分類，將其分為兼職、創業型、在職及自雇方式。

第一、兼職SOHO

乃是個人的本職之外，再利用空閒時間作一些兼職的工作，收入仍以本業為主，有人會先以兼職作為未來成為正式SOHO族的踏腳石，藉此試驗自己是否適合SOHO的工作模式。

第二、在職SOHO

這類型的SOHO仍屬於企業體系內，國外部分企業為了體恤員工兼顧家庭與工作之困難，特允員工部分時間能在家工作。在家上班的方式仍以歐美地區較為普及，目前台灣的企業對其方式仍是測試階段，對於國內的企業與員工都是一種新挑戰，現階段有IBM、中國生產力中心及惠普等企業施行這樣的方式。

第三、自雇SOHO

也就是自己做自己的老闆，所有的事務皆由自己打點、處理。目前以這類型的SOHO族人數增加最多，因為以專業知識及技術作為本錢，所需的資金與人力就比較少，它的賣點在於個人累積的工作經驗與技術優劣，對於初為SOHO族的人也比較容易掌握工作情況。

第四、創業SOHO

多是以開設小型店舖、加盟店、個人工作室等，以創業為目的，作為未來擴大事業的跳板，除了專業技術與知識之外，管理、行政、財務及行銷方面也要有所涉略一二，基本上已然就是一個企業的雛形。

目前台灣具規模且熱門的SOHO行業可分為三大類：

第一類：專業性質方面。以提供專業技術與知識為主，譬如，以寫作為主的文字SOHO族；以美編、設計為主的美術SOHO族；以及服裝設計SOHO族、攝影SOHO族、專業企編

SOHO族等，個人專業知識與設計特色就是他們的本錢。

第二類：因資訊發展所新興的行業。因科技進步而產生的行業，如資訊SOHO族。

第三類：創業與服務性質為主，如開店、直銷、保險等。

或許有人羨慕SOHO的工作模式，但是並非每一種行業都適合這樣的模式，它必須符合以下的條件。

一、具專業性質、獨創性行業。

就如資訊SOHO族需具備相關專業知識，並非一般人可以直接進入情況的工作。

二、一個人也可以獨立完成。

許多工作是必須獨自完成，如文字SOHO族多是獨力完成作品。

三、業務性質較強的行業。

由於必須經常在外面奔波，不常需要逗留在辦公室，因此也比較適合在家工作，例如保險、業務等工作。

事實上，並非每一個職別都適合以SOHO的方式去工作，有些工作比較適合以固定的上班模式，例如行政工作、會計部門等。其實，SOHO的

工作模式不會淘汰傳統的上班形式，只是提供工作者更多方便性及選擇，讓工作更富彈性、自主性，剔除一些多餘的事務之後，工作效率自然就提高了。

進入SOHO之門

備忘錄

第二節　自在揮灑文字的精靈
——文字SOHO

近幾年來，由於出版業的蓬勃發展，再加上每個月大量的新書上市，及不斷有新雜誌創刊，在需求量的突增下，促使從事文字的工作者也隨之成長。同時，隨著SOHO工作型態逐漸成熟，許多文字工作者多以SOHO的姿態呈現，也使得文字SOHO族成為熱門SOHO的工作類型之一。

然而，促使文字工作者成為熱門SOHO™∫最大因素為何呢？倘若要詳究其因，可由外在環境與個人性格兩大因素來作一剖析。的確，大環境的改變促使文字工作者突增，因為過去的出版市場不大，需求自然也不多，但是近來出版市場的需求大增，使得人手顯然有些不足；再加上出版社願意給予新人機會，原先出版社多採用具知名度的作家撰寫，但是除了版權偏高之外，名人數量畢竟也有限，對於其他較小型的出版社而言，往往請不起這些大牌。因此，最近出版社開始以企劃取勝，只須請書寫能力不錯的文字SOHO代為著筆，維持出版新書的量，也可以減少稿費與版權費。

其次，文字工作原本就是獨立作

業，所需的創造空間必須較大，顯然地在家工作可提供更多的創作空間，因此，文字工作者紛紛投入SOHO族的行列。

目前在台灣常見的文字SOHO族大致可分為六類：

第一類 翻譯

從事翻譯這類的工作，所必須具備的條件較為嚴苛，通常必須有良好的中文及其他語文的能力，因此，與其他類型的文字SOHO比較之下，困難度較高些，不過若以酬勞來說，翻譯類的平均收入比較高，因為他們同時可以從事口譯方面的工作。哪些時候需翻譯的人才呢？例如書籍、電視影集、電影、有外賓的會議等，目前國內翻譯仍是以英文、日文較為吃香。

第二類 書籍

這類型的文字SOHO多與出版社合作，以企劃新書為主，可從事的工作有企劃、編輯、撰寫等，而收入則可以賣斷領取稿費、或算版費兩種，可由自己與出版社商量。

第三類 特約記者

特約記者比其他文字SOHO較為辛苦，必須為了報導而到處奔波採訪，通常需要特約記者的地方是雜誌社，而報紙與電視則較少。主要的因素是目前許多雜誌社為了節省人事成本，用特約的方式請人作撰寫與採訪的工作，以稿費提供稿酬。

第四類 劇本

這類SOHO的工作通常來自電視、電影、廣告的腳本，撰寫劇本的文字SOHO族算是較為少眾。

第五類 特約撰述

該類與特約記者的不同點在於，特約撰述的工作來自出版社較多，工作內容多以代替一些名人著墨，也就是由名人口述，再將其整理成書籍或文章。

第六類 廣告行銷

就是幫企業撰寫廣告文案、公關稿、新聞稿等，文字撰寫多以廣告行銷為目的。

若你有意成為文字SOHO族，最好具備下列基本條件：

1. 文字能力表達要好。
2. 了解新聞寫作的基本格式。
3. 必須具有獨立自主的精神。
4. 公關能力強(有利於業務的增加)。

5.臉皮要厚。

6.具備向前衝的精神。

7.勇於負責任的能力。

當然除了上述條件之外，具有創新的能力且能因應市場的變化性，才是文字SOHO生存的不二法則，如果你具備了以上條件，再加上自己也有濃厚的興趣及能力，你就可以考慮是否加入文字SOHO一族了，或許哪一天你將因「一『書』成名天下知」而踏入暢銷作家之林呢！

進入SOHO之門

備忘錄

第三節 彩繪世界的巧手

——美術SOHO

昔日，美術設計工作者多以手工繪圖為主，常被滿桌的顏料搞得灰頭彩臉之外，還需要具備繪圖、設計方面的概念，因此以美術或廣告相關科系出身的人較為吃香，工作範疇以平面設計較多。

然而近來科技的進步，電腦應用極為方便，許多美術設計人員開始使用電腦來從事影像、圖形處理方面的工作，利用移動滑鼠的瞬間，將呆板的線條、圖片繪製成變化萬千的圖像與動畫，而美術設計的領域已從全面性的平面到立體，因此美術工作者的天空也更加廣闊了。

當在家工作的型態逐漸成形，美術工作者也投入SOHO的工作方式，漸而成為熱門SOHO族之一，若要深究其因，可分為外在環境與工作性質兩方面。由於科技發展迅速，繪圖工具隨之更多樣化，也擴增了美術工作者的工作範圍，因方便性之故使得美術工作者適合在家工作。其次，則是工作的屬性，美術設計的工作多是創作為主，大多數的工作是可以獨立完成，因此造就了美術SOHO族大增。

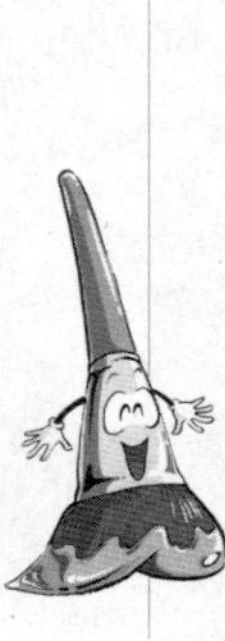

對於有心加入美術SOHO行列的人，應考慮哪些要素呢？首先，最好明白這條路絕非所想的容易，這是一條極為艱苦的路，許多人因遇到困境而半途而廢。建議你三思而後行，以下乃是成為美術SOHO應具備的基本條件，先評估一下自己適合與否？

1.最好具備美學的概念與創作力。

2.對繪畫、藝術、設計等等，有極大的興趣。

3.在人脈、溝通能力方面還算良好。

4.懂得電腦繪圖、影像處理等相關電腦軟體。

5.擁有自我管理的能力。

6.具有獨當一面的能力。

7.雖無硬性規定多少工作經驗，仍建議最好有二至三年以上經驗較佳。

目前台灣常見的美術SOHO以下列幾類型最為活躍：

一、平面設計

以平面設計為主的美術SOHO，可再細分為單一平面設計、書籍設計兩種。前者多以名片、海報、邀請卡等設計為主，書籍設計則包括書籍的封面、封底、內頁版面等整體設計。

二、電腦動畫

這類型的美術應用人員是這幾年的新興行業，透過電腦的繪圖或是影像處理軟體，繪製出繽紛的色彩、特效神奇的畫面等，將靜態的畫面轉為影片般的動畫。

三、網頁設計

許多網頁設計的個人工作室，多為中小型企業製作網路行銷及網頁設計等工作。有些工作室只做美術設計或是程式設計，不過較小型的工作室以作整體的規劃較多。

四、美術道具設計

美術道具設計專司電視節目、廣告促銷物、電視佈景設計、人偶等方面的設計，這類型算較為冷門的一型，工作案件的來源也比較受限於電視台與廣告公司。

五、漫畫

漫畫方面可分為漫畫家、編劇兩種，兩者乃是相輔相成，一者編，一者畫。而出版的型態則是連載、單行本，原則上，多由出版社決定出版的方式。

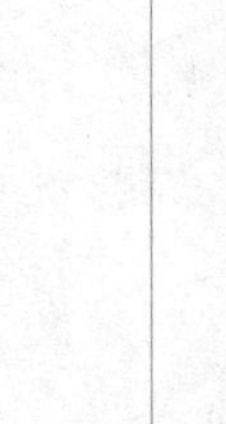

六、插畫

插畫的型態可分為商業、報紙、兒童等三種插畫。這三者領域幾乎不交流，商業插畫以廣告界為主，而兒童插畫則多是兒童文學界較多。

上述的美術SOHO族，除了漫畫、插畫這兩類仍以手繪為主之外，近年來美術SOHO族使用電腦的機會越來越多了，不過以電腦從事美術設計，對美學仍要有相當概念，加上軟體的熟悉度、耐心及創造性等都是相當重要的要素，不過，好壞仍取決於設計者的點子，由此而知，創意是從事美術SOHO必須的要素。

進入SOHO之門

備忘錄

第四節　創意十足的能手

——專職企劃SOHO

身為企劃，通常需要十八般武藝樣樣精通，並且應具備眼觀四面、耳聽八方的特異功能，過去，企劃多是屬於企業內部的部門之一，他們負責將公司的產品推廣出去，於是規劃相關的活動與促銷。然而，近幾年來許多企業大量裁減員工，以精簡人事的經費，取而以之，是將企劃的工作以發包、特約的方式去完成，如此可以減輕公司的部分人事開銷，因此，讓不少的優秀企劃高手有更多的機會。

再而，在於企劃本身的工作性質較容易獨立完成，工作著重的是創意、整體性的規劃能力，同時，所使用的工具十分簡單，也不需要大量的設備配合之，只要擁有自我空間即可做好企劃，因此，以在家工作的方式從事企劃是在恰當不過的事。

基本上，企劃工作的門檻很低，幾乎是每個人都可以嘗試的，但也非完全無須基本條件，因此，當你考慮從事專職企劃SOHO時，不妨評估自己一下，以下的條件可供你參考之。

1.對於事物的敏銳度要高。

2.點子夠多、具有創意性的思考。

3.眼界要寬廣，能看到別人所無法看見的地方。

4.對企劃的商品或活動應全盤清楚。

5.最好能雜學，也就是懂得不斷地吸收新知。

目前在台灣已有的專職SOHO類別有以下幾種：

一、唱片企劃

通常唱片企劃是負責歌手出片的種種事宜，例如一位新歌手即將出道，企劃必須設計該歌手的形象塑造、歌曲的走向、唱片的特色與訴求以及收錄歌曲的方向等整體的規劃，也就是從頭到尾的將其塑造包裝與規劃，必須注意的事項十分瑣碎、繁雜。

二、廣告企劃

從字面上即知是以廣告為主，包括平面、媒體上廣告的設計，如報紙、電視廣告等，如何藉由幾個字句、畫面，呈現客户委託的事項是他們的工作，廣告企劃的工作需要較專業與創意性，因此，有創意點子的人較為適合。

三、活動企劃

其主要的工作則是動態的活動，例如演唱會、百貨公司促銷商品等活動，整個活動的流程都必須規劃清楚，每件事都必須能夠掌握動向，需要注意的事項也是十分繁瑣。

四、圖書出版企劃

該類型企劃的對象為出版事項，也就是為出版社企劃新書等工作，從事該項工作的SOHO必須掌控讀者閱讀的習慣及未來的出版趨勢等，才能企劃出暢銷的新書。

五、公關企劃

該類型企劃以塑造形象為主，所要促銷的主旨比較抽象，甚至是沒有商品的表現，例如替政府、企業形象的改造等大型活動。

六、發行企劃

其與行銷企劃極為類似，只是目標設定在出版方面，主要的工作如舊雜誌的轉型、新雜誌的推廣等，最好都要有整體的行銷概念較好。

七、展覽企劃

近年來，展覽活動如雨後春筍般在各地出現，而策畫展覽的事宜自然是交給展覽企劃作整體性的安排與規劃，如家具展的籌畫。企劃的工作除了規劃基本的推廣活動之外，還包括挑選適當的展覽廠商，並設計一些吸引人潮的活動。

若你擁有上述的基本條件，也已經選擇好自己適合的類型，最後還要提醒你：除了考慮自己的興趣之外，其次還要多培養觀察事物的能力，而且經常抱持著多學多做的精神，諸如此類不可或缺的事項具備了之後，才不至於被潮流趨勢所淘汰掉。

進入SOHO之門

備忘錄

第五節 美麗片段的紀錄者

——攝影SOHO

攝影工作，也是熱門SOHO行業之一，近年個人攝影工作室幾乎處處可見，究竟何以攝影工作紛紛獨立門戶呢？我們可以從其工作特性去深究之，就可以發現其實攝影這門行業，十分適合以SOHO的型態出現。首先，就其工作特性來說，攝影是屬於可獨立作業的工作，無須太多人共同完成工作。其次，乃從攝影工作者所面對的客戶對象來說明，攝影工作者的客源通常來自於一般民眾與企業，若就一般民眾多因特殊日子才會特別請攝影師捉刀；對於企業來說，也多是在進行活動、促銷、廣告時，才會聘請攝影師作全程紀錄。

我們很少發現，一般企業中會設立攝影方面的部門，當企業需要攝影時，多會與攝影個人工作室合作或採用特約攝影師，也由於這樣的情形，促使攝影工作室的數量增加。需要攝影SOHO的企業以廣告商、出版業、唱片業、服飾業等較多。一般人平時都是自己拍攝，只有在像結婚的特殊情況才會聘請攝影師拍攝，如婚紗、婚禮的現場等。

因此，當你考慮加入攝影SOHO行列時，除了一般相關條件需具備之外，你也必須評估自己比較適合哪一類型的攝影工作？如此一來，方能適才適用、工作愉快。

以下乃是攝影SOHO族應具備的基本條件：

1. 善於拍照，對於攝影工作十分清楚與了解。
2. 由於攝影器材較笨重且需要四處奔走，體力最好不錯，能吃苦耐勞。
3. 至少有二至三年以上的學徒經驗，也就是擔任過一陣子攝影助理。
4. 適合的攝影工具與設備。
5. 懂得相關人脈的建立與拓展。
6. 具有攝影、美學設計的概念。

有人認為攝影設備十分昂貴，令人負擔不起，事實上攝影SOHO的器材設備通常需要四十萬到一百萬不等，不過大多數有意從事攝影工作者，在學習階段時就已經逐步開始添購器材了，等到正式獨立作業時，只需再添購少許的設備即可，所以關於設備倒不是問題。

目前台灣的攝影SOHO族，可依拍攝對象或商品不同分為婚紗攝影、空間攝影、廣告攝影、立體攝影、雜誌攝影、商品攝影、服飾攝影、唱片攝影等八種，你可以選擇自己有興趣的種類去嘗試看看。

對於攝影SOHO的衣食父母——「客戶」，八成以上的客源多是由舊客戶介紹、或是同業、朋友等的引薦，他們本身很少從事行銷自我的工作，大部分的攝影SOHO族多覺得行銷的功效不大，他們覺得真正的行銷方式是積極地拓展人脈、要求作品的品質、個人知名度以及口碑等，而這幾點正也是客戶會考慮選擇攝影師的重要因素。

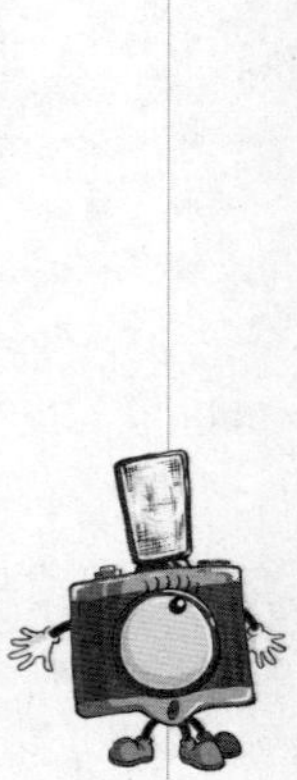

進入SOHO之門

備忘錄

第六節 網路上的魔術師

——資訊SOHO

資訊科技的發展神速，隨電腦科技的發展應運而生的事物更是不盡其數，然而資訊業更是其中相當熱門的新興行業，無論在產品、股票市場、甚至在職場上都扮演著十分吃香的角色。由於所能提供的工作機會不少，更拜網際網路及全球資訊網(WWW)發展之賜，眾多企業皆紛紛開始製作專屬的網站，意圖讓自己的企業更具市場競爭力。

有鑑於此，網頁設計的人員就成為需求性相當高的熱門行業，不少企業自行成立了電子媒體部門，專事負責公司的網站製作及維護。然而，對於規模較小的公司或企業，若也想要設立網站的話，為此特別成立資訊部門是需要花費較多的成本，若將其發包給專門網頁設計的工作室製作，則可以節省不少成本。於是許多的資訊專業人員離開公司，自行成立工作室，成為資訊SOHO族。

資訊SOHO是近年來異軍突起的一族，在幾年之間人數快速地增加，其原因十分簡單，因為無須雄厚的資本，只需幾部電腦及相關周邊設備即可，而且電腦的價格越來越低了，只需負擔購買器材的費用即可。其次，因為許多企業都想趕上資訊的列車，以致於資訊SOHO的需要量就增加了。當然有些資訊系、商業設計系等相關科系的學生，在學校學習的時候就開始兼職了，這種半實習半學習的方式，除了有酬勞可領之外，更增加不少工作經驗，也促使他們在踏入社會後，為獨立創業的未來做了鋪路。

既然資訊SOHO族如此搶手，你該如何成為資訊SOHO族呢？那麼以下的基本條件是必須具備的：

1.具有商業設計的概念。
2.懂得電腦程式設計與操作。
3.具有設計方面的創意能力。
4.最好有工作經驗約三至四年(可包括學生時代的兼職)。
5.考量本身的美學造詣及電腦程式設計的邏輯。
6.具有創意，能夠不斷地推陳出新。
7.公關能力、人脈也很重要。

所以資訊SOHO族數量增加速度相當快，但是你若不具備以上條件的話，很快地就會消失無影蹤了，除了上述基本條件之外，業務的推廣也是不容忽視的，尤其當你又是一個無名小卒時，該如何爭取到業務呢？以下的方式可提供你試試：

1.利用網路行銷的方式，在各大著名

網站、新聞組群、BBS上作行銷。

2.與過去公司的客戶作聯繫。

3.架設個人專屬的網站，並且連結到各大網站上，以增加到訪人數的機率。

現階段台灣較熱門的資訊SOHO族，依照其工作性質的不同，可分為網頁設計、多媒體程式設計、電腦繪圖程式、應用硬體設計、以及電子商務行銷企劃等，對象多以中小企業為主。建議你，除了提供原定的設計之外，資料定時的更新與維修等附加服務，能增加客户對你的信賴感，記住！再怎麼熱門的行業，也需要全心全力去經營才能成功，尤其是在單打獨鬥時，更需要加倍的用心。

進入SOHO之門

備 忘 錄

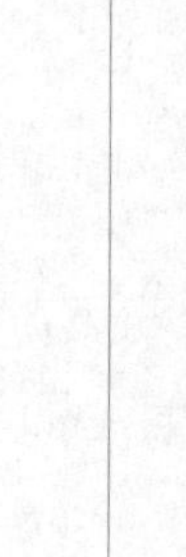

第七節　流行尖端的幕後推手——服裝設計SOHO

街頭上四處設立有造型屋、髮廊以及個人工作室，由此可見，服裝設計SOHO早已悄悄地形成。事實上，服裝設計方面的工作者會以SOHO模式生存，其主因在於該項工作的特殊性，因為服裝設計一向講求專業技巧、創意，是一項需要個人苦思創作的工作，少有團體創作的成品，也因此規模通常不會很大，反而多以個人的知名度、品牌為訴求，而在SOHO型態盛行之際，更加促使相關人才投入這項行列。

然而，若是要成為一名服裝設計SOHO，光有才華是不夠的，建議你首先檢視自己是否具備以下的條件：

1.你是否是科班出身？雖然也有些非本科系者也做的不錯，但仍舊是少數，有著專業技巧的基礎，比較容易受矚目，因此最好是相關科系畢業、或是曾研修過相關課程。

2.你是否具備豐富的經驗與閱歷？

3.是否時常留意國內、外的相關流行資訊？

4.你對於美的觸角極為敏感嗎？

5.知名度十分重要也是成功的關鍵。

事實上，本節所介紹的服裝設計SOHO，並非受限於服裝的類別之內，它是一個統稱的名詞，包括了整體造型、髮型、化妝、服裝以及美容等幾類，通常，服裝設計SOHO不會只專注在一項技術上，通常還都精通相關幾項的技術，因此，很難將其單獨分類出來。

就以整體造型為例，這項工作通常是針對藝人為主，也就是從頭到腳作一整體包裝，譬如某位藝人欲擔任金馬獎主持人的工作，她則必須請整體造型師為其設計整個晚上的服裝與化妝等相關事宜，因此，造型師對於化妝、服裝、髮型等流行趨勢必須有相當的見解，並著重於整體性的設計。

倘若你想要在市場上佔有一席之地，最重要就是能提高自己的知名度，有了響亮的名氣之後，工作自然源源不絕地到來，建議你，可以由下列方式下手。

一、參加大小相關比賽與競賽

無論你是沒沒無聞的新手，還是已小有名氣的老將，利用參加各項比賽去提高知名度，是既方便且又無須花費一絲費用的最佳辦法，也可以藉此試探自己的能力與市場魅力。

二、累積成功個案

工作經驗的累積是必要的，但是請記住「重質不重量」，每一個客户都是你表現的時候，「口碑」一向是最佳且便宜的行銷方式。

三、樹立個人的風格

在講求個人風格主義的時代中，若你不能掌握自我風格，淪為仿冒、褪流行的次級品，很快地就會被淘汰了，因此，你必須能樹立自我的風格，才能吸引客户的注意，當然，也不能脫離流行趨勢。

一位服裝設計SOHO族，最重要的生存之道在於設計者本身的創意、及敏銳的流行趨勢嗅覺，若不能隨時掌握流行資訊，就無法留住客户的心，自然就不能生存了，所以當你決定步入這個行列時，請深思自我的適合性！

第三章

SOHO族的心理建設

第一節　評估自己的SOHO適合指數

經過前面幾章的介紹之後，你是不是也有點心動了？你也期待有個更具彈性、自由的工作型態嗎？事實上，看似美好的工作形式，但並非適合每個人，如游魚無法上岸的道理，世間萬物各適其性，每個人適合的工作型態皆不同，選擇最適合自己心性的工作模式，才能如魚得水般的自在工作，否則只會攪亂生活秩序與工作紊亂罷了！

本節將針對SOHO的特質與條件做剖析，從內在的動機、本身的個性、專業條件、財力及人脈等分條列出。讓蠢動的你，檢視自己的SOHO適合指數，根據適合指數給自己一個參考的數據，最後決定仍在於你。

第一、窺視自己內心的動機

當你考慮加入SOHO的行列時，應深思熟慮自己與工作的問題與關係，而非只是是一味地追趕流行趨勢，甚至有股賭氣的心態，考量自己是因一時興起？還是計劃已久？是被迫還是開創新的事業道路？不純正的動機與成因，容易動搖事業計畫，使

得自己的SOHO生涯只是曇花一現而已。

以下歸納了一些可能引發在家工作的動機：

一、兼顧家庭與工作的渴望

期待兼顧家庭與工作，是多數人選擇在家上班的主因之一，尤其是已婚、育有兒女的婦女。許多人因為長時間待在辦公室，使得家庭關係顯得有些疏離，促使許多人希望能有多些時間與家人相處，而在家上班可以兼顧家庭及工作，同時也可增加親子之間的和諧。

事實上，家庭問題除了與子女關係之外，照料家中老人也是重要的因素。由於社會的高齡化結果，家中的老人常因子女工作忙碌而缺乏照料。記得有一次筆者陪伴母親前往醫院檢查身體，猛然發現許多老年人多獨自一人就醫，原因是他們的子女都在公司上班無法請假陪同。是的！在家工作者能自由運用時間，可以適時調整工作來增加對家庭的照料，因此，家庭因素成為主要動機之一。

二、欲擺脫辦公室的束縛

你已經厭倦了朝九晚五的工作嗎？每日花費在通勤、開會的時間過多？或是無法發揮自己的所長？對於工作失去滿足感及成就感？或是公司不能給予適合的職位、薪資且適當的職權等等，辦公室讓你感到綁手綁腳，也不想像呆伯特一樣在辦公室穴居著，渴望開拓嶄新的事業生涯。

三、實現個人的理想

每個人的心中都有屬於自己的夢，然而圓夢的勇氣必須十分強大，才能成功的實現理想。你有勇氣面對未來的挑戰與種種問題嗎？

第二、具有堅強的自制力

人類原本就有好逸惡勞的本性，而在家工作必定是沒有人監視，也沒有人催促，隨時都要自己主動、積極地工作。因此，自己究竟有無自動自發的精神，還是容易被外界所牽引呢？事實上，SOHO族想擁有成功的事業，需要具備比一般上班族更為嚴謹的工作心態、更積極的工作特質。

你是否具有堅定的自制能力就成為關鍵了，因為懂得自制的人，才能有效的節制與正確的規劃，懂得協調工作與生活方面的平衡，不會因為在家工作而導致生活秩序大亂。因為無論任何事情「過與不及」都是不好的，過度工作容易傷害自己的健康；

而對於工作不積極、主動，易使工作延誤、效率降低。

第三、擁有專業知識與能力

沒有專業知識與能力就等於缺乏競爭力，根本不可能有所作為，在企業如此，SOHO族亦然。誰會僱用不具專業的人呢？客戶需要的就是專業人才所提供的服務與產品。在企業中的上班族只要在其位、盡其職即可，然而SOHO族的專業能力是賺錢的利器，也是與他人競爭的能力，是不可不輕忽的部分。

除了具備專業能力之外，你最好有三年以上的相關工作經驗，再考慮是否在家工作的事宜。社會新鮮人在工作、人脈、及處理事務的能力皆經驗不足，也比較缺乏說服力，因此，工作經驗尚不足時，不如暫緩進行，等工作經驗豐富、擁有人脈基礎、也有處理事務的能力再從事SOHO工作比較妥當。

第四、幕後的支援力——財力

「錢」雖不是重要的因素，但也是不可或缺的支持力，有穩定的財力作後盾，使得你創業的初期無後顧之憂，方能夠盡全心全力的工作。究竟你需要多大的財力支援呢？請參考第五章第一節中為你談到的「需事先預留基本費用」內容。

第五、良善的人脈關係與資源

你是否已建立一些人脈的關係與資源呢？有些SOHO族初期的業務需要依靠一些過去建立的人脈，所以你有多少人脈資源也是評估的重點之一。譬如社會新鮮人與資深的工作者，兩者的人脈就不同，後者所擁有的人脈與資歷超過前者，就比較適合從事SOHO方式的工作型態。

第六、是否擁有管理事務的能力

有些人專業能力很強、財力也足、工作經歷更是豐富，不過就是缺乏規劃工作事務的能力，對於行政、財務、行銷等方面一竅不通，那麼你就得考慮一下囉！是自己學習相關能力、或是請人代為處理等等。

事實上，自己適不適合SOHO的工作模式？除了自我評估之外，盡可能詢問他人的看法，並確實面對真實的問題，才能真正清楚自己的目標應設定在哪裡？

【SOHO適合指數評估表】

1.你覺得在企業裡無法發揮自己所長嗎？

○是　○否

2.你有一個未完成的夢想，想要去實踐嗎？

◯是 ◯否

3.對於事務上，你會自動自發去規劃處理嗎？

◯是 ◯否

4.你是否能做好自我的時間管理？

◯是 ◯否

5.你會安排固定時間表來規劃事務嗎？

◯是 ◯否

6.你不容易因其他的事物干擾而分心嗎？

◯是 ◯否

7.你喜歡與人接觸來往嗎？

◯是 ◯否

8.你能否獨自工作，且不會因孤寂而難過呢？

◯是 ◯否

9.你與過去的客戶、相關社團與學會有密切的聯繫嗎？

◯是 ◯否

10.你是否能勇於獨自面對客戶，願意接受任何挑戰嗎？

◯是 ◯否

11.你對於自己的財務管理情況清楚嗎？

◯是 ◯否

12.你具備多久的相關工作經歷呢？

○社會新鮮人(零分)

○一到三年的工作經驗(一分)

○三年以上的工作經驗(二分)

13.你目前擁有多少基本資產呢？

○毫無積蓄(零分)

○尚能糊口(一分)

○十分充裕(二分)

以上列表，回答：「是」得一分；「否」得零分，第十二、十三題則是依照括弧中的分數計算之。

若是總計分數是在十分以上的話，意指從總體的考量來說，你蠻適合從事SOHO工作型態，因此，可以考慮加入專職SOHO族的行列；假若分數介於六到十分之間，建議你還是先以兼職SOHO的方式投石問路一番，經過一段時間的測試之後，再考慮是否從事專職的SOHO工作？

如果分數是低於五分的話，建議你，務必三思而後行，事實上，到企業上班也是不錯的工作方式，倘若你真的想要以SOHO方式工作的話，那就針對自己的弱點加以充實，等到相關的條件能力已經符合足夠時，再考慮比較好。

進入SOHO之門

備 忘 錄

第二節　心理建設與調適

近年來「EQ」(情緒管理)一書在全世界造成了一股旋風，從IQ到EQ的過程中，情緒管理已然備受眾人所重視，無論在工作、家庭或者感情上，EQ高者，總是比較能將事情處理更完善，因此懂得情緒掌控的人，較容易步上成功的道路。

當你選擇了在家工作，就必須接受即將獨自工作的情境，沒有過去共同工作的同袍，凡事皆需要孤軍奮鬥，你唯一擁有的援軍就是自己，因此你必須學會自己處理情緒起伏，做好個人的情緒管理，如此一來，即使是迎面而來的打擊與挫折，你也能適時的化解與掌控。

在家工作的你，會面臨哪些負面的情緒呢？它包括孤單感、沮喪、缺乏自信心、壓力、憂鬱等問題，本節將提供你一些調適的建議，去調整自己的心態與情緒，讓工作更加順利地繼續進行。

沮喪來自於孤單的心

事實上，每個人多少會有些孤單的感覺，無論是在深夜裡、或是在人群中，孤單的情緒是不會挑選地點與時間的，因此，獨自在家工作者當然也會產生孤獨寂寞的心情。

許多的孤寂感易使人沮喪、沒有衝勁，甚至產生壓力等負面情緒的影響。因此，SOHO族在心理調適方面也不可輕忽，千萬不要讓孤獨的想法淹沒了你的工作情緒。

你該如何調適孤寂的心呢？以下方法提供你做一參考：

1.安排一些社交活動作為調劑。例如約好友一起午餐、參加同業的社交活動或會議、學習一些課程、上健身中心作運動、當義工、參與某些社會團體等，藉由增加一些社交活動，讓自己不再是桎梏在辦公室的小可憐，它能夠提供你所需的社交接觸。

2.尋找需要與人合作的案件進行，如此你就有商談的對象了。

3.聚集同業組成與工作相關的團體，藉著定期的聚會與舉辦活動等，除了志同道合之外，同時也可增加一些社交人脈的機會。

當你累積過多的孤寂感，再加上獨力經營事業與處理工作的壓力，有時會讓你覺得難以應付與招架，一旦你開始無法控制與掌握時，沮喪的情緒隨時就升上來了。

或許你不清楚、或是不承認，不過當你發現自己一直無法順利完成工作、也不太意願去接洽新工作、甚至處事開始猶豫不決，這些再再呈現出：「沮喪中」的徵兆，你就不可不注意囉！除了上述比較明顯的特徵之外，有些人會產生心情焦慮、易怒、容易感傷，或凡事都興趣缺缺，也有人會開始失眠、或是比往常還嗜睡。

有了沮喪的情緒也無須緊張，只要針對問題破除沮喪即可，以下提供你掃除沮喪陰霾的方式：

1.放下工作走向人群。

當你開始有孤單的感覺時，不如走出辦公室，到一個可以與其他人互動的環境裡，例如與朋友吃飯、參加一些社會團體，或是去健身運動也不錯，主要就是能脫離產生孤寂感的環境皆可。

2.找出沮喪的根源並面對它。

搞清楚沮喪的原因何在？可能是季節的變革、失望、被拒絕等等都是產生沮喪心情的導火線，甚至有時在成功之後，也會產生莫名的沮喪感，心情的變化是難以預料，你必須坦然接受它。

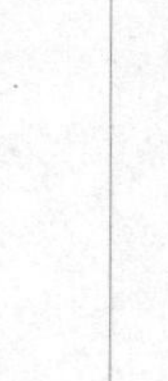

3.不如放自己幾天假。

忙碌的工作總會讓人疲憊不堪，有種被整個掏空的悲哀，甚至開始對於自己的工作能力產生質疑，這種多是因堆積過多的疲累，而產生憂鬱沮喪的情緒，不如找一些時間放自己幾天假，好好的休息養精蓄銳一番。

4.培養工作以外的興趣。

許多SOHO族多以興趣作為事業，但長期工作下來，有時原本的興趣也會開始變質，使得工作不再有趣了，因此，為了讓自己能隨時保持高昂的工作情緒，不如再培養一個與工作不同的興趣，例如你是一位SOHO族，在閒暇時候可以培養種植盆栽的興趣，有些人雖然會安排自己放假或休閒，但卻不知如何去安排休閒活動，使得休閒成為一件無聊的事情，而逐漸地被取消掉、或是將空閒時間用來睡覺、看電視，這些活動都無助於你排解寂寞感。

5.尋求安慰與協助。

如果你已經長期有沮喪憂鬱的心態，最好尋求他人的協助，在台灣心理治療比較不普及，通常人也多不願去尋求心理治療師或張老師協助，那麼不如與關心你的親友聯絡，或是藉由拜訪尊敬的前輩以尋求協助與安慰。當沮喪產生時，逃避只會讓自己越陷越深，不如積極地對抗它，正視它之後鬱悶的感覺也就會逐漸消散了。

克服工作壓力

你覺得工作壓力很大嗎？是不是沉重到讓你喘不過氣了？精神上的壓力開始轉化作頭痛、胃痛等身體上的不適感，如果你已經有這樣情形的話，那麼你真的工作壓力超過所能負荷的範圍了。

追究「壓力」的根源有下列幾個因素：

1.工作量超過負荷。

2.時間急迫且進度無法控制的工作所造成。

3.凡事要求過度的完美，徒增心理的壓力。

4.作業的階段各項問題頻出，而疲於修正。

解除工作壓力的方式其實十分簡單，只要降低自己的工作量、規劃更有效的時間管理即可，只要工作按部就班的進行著，壓力自然就不大了。

面對拒絕的心理調適

世上的事物能順心如意的極少，

十之八九都會被拒絕與否定，一次拒絕就一蹶不起的人是永遠的失敗者。缺乏自信的人容易被拒絕所打敗，因為他們總是期待別人來肯定自己、或證實自己的價值，一切都受他人所左右，那麼當他被接受時會很高興，被拒絕時就會十分難過了。

面對拒絕的心理調適方法有：

1.事先有被拒絕的心理準備。

2.無須因為被他人拒絕而難過不已。

3.不要受其他人左右心情。

4.坦然接受它，記住！拒絕的經驗會使人成長。

5.被拒絕，不代表你不好。

遭遇被拒絕之後，除了調適心情之外，要探究拒絕的因素，讓下一次的接觸不會犯下同樣的錯誤，而再次被人拒絕。

面對潑冷水的因應之道

有些人總愛批評別人的計畫、工作，有時候不一定是計畫不好、或難以成功，只是這些潑冷水的話語，難免會造成一些殺傷力。通常潑冷水的人有些是心存真心的關懷，也有人是因忌妒的心態，當你自信不足時，就會產生一些動搖的想法，「我不行」、「一定會失敗」的思想就進入你的腦中，那麼就真的做不起來了！尤其潑冷水者是你親朋好友時，就更令人難以招架。

在此建議你：

1.立即尋求其他的精神支援，和支持你的人保持聯絡。

2.對於負面的異議給予正面的反擊。

最好事先將可能產生的負面聲音紀錄下來，預先準備好因應的對話與理由，使他們無法潑你冷水。

3.化冷水為力量。

從事新的事物總是會面對許多的問題，而正、反兩面的看法皆會出現，對於正面的想法當然是鼓勵自己的激素，而負面的聲音則可以作為參考，讓自己多了解一些問題點，事先去計畫問題的解決方式。

獨自工作的SOHO族，所必須面臨的問題林林總總，該如何以理性、冷靜的態度去應對？當你懂得管理自己的情緒時，就等於掌握坦然自處的訣竅了！

進入SOHO之門

備忘錄

第三節 SOHO常犯的毛病

一個擁有獨立自主的工作環境，總讓人感到自在、舒適；不受約束的辦公空間，也容易使人任性、隨心所欲，然而，生活一旦過於鬆懈、隨性而為，就如將「心」放出去，要收回就難囉！因此，若不願在自由的範圍內，制定一些自我管理的制度，一旦突發事件發生將會措手不及。

自我管理與自在的生活，似乎是天秤上的兩個物品，究竟是孰重孰輕？這就是見仁見智的問題了，不過，當SOHO族開始無法掌控自己的行為、沒有自我約束的能力，必定產生許多的附加問題，生活也會變得混亂不堪。

然而，究竟哪些是SOHO族最常犯的問題呢？此處僅就心理方面來談，可分為延宕、分心、貪心、工作狂等，這些問題是導致工作效率降低、生活混亂的潛在因素，也是此節要探討的內容。

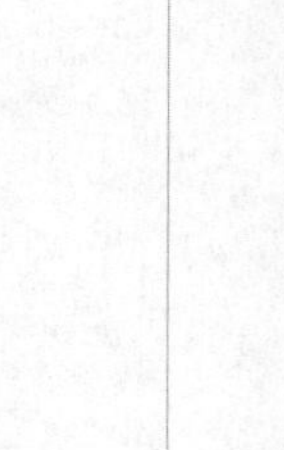

延宕

SOHO族最擔心就是工作進度被延誤，除了個人信用遭受破壞之外，也讓接續下去的案件跟著耽擱下來，然而，為何工作會被延誤呢？深究其原因可分為外在因素以及個人心理原因兩大類。

一、外在因素：

也就是外部環境所造成的原因。可再細分為：

1.不可抗力的事情所導致。就以筆者的悲慘經驗為例，在撰寫前一本書時，家中巧遇祝融之災，部分稿件因此而毀損，迫使重新再補寫損壞的部分，整個進度也因此延誤了，這就是為無法預料的災害所影響使得計畫被迫變更。

2.因工作計畫的錯誤、更改，導致整個進度受到影響而延誤。譬如有些企劃書在規劃時似乎沒有太大問題，但是執行時卻發生窒礙難行的情況，必須重新規劃新的活動，而造成時間的浪費。

二、個人心理因素

「工作延宕」是在家工作者急需擺脫的問題。「辦公室革命」一書的作者傑夫．伯納認為「延宕與懶散是個人工作室的天敵」，他表示：「延宕是心理下意識的抗拒；懶散則是心理了無意識的畏懼」。其癥結點則在於心態上的變化。

當你開始有拖延的心態時，任何

事情都將成為藉口與理由，但深究其因僅只是心理上缺乏工作意願罷了。對工作不感興趣，情緒就容易波動不安，工作進度的推動就會不盡理想，因此，應盡快恢復工作情緒、提高興致，避免工作被拖延的產生。

當你開始無心工作時，以下建議或許可以供做參考：

1.可利用獎勵方式來讓自己提起精神工作。如工作半小時後休息一小時等，當然休息時就得確實休息。

2.讓自己放鬆心情工作。有時候是「自己嚇自己」的心裡障礙，也就是高估了工作的難度與重要性，多少嘗試著去工作，搞不好就能化解開自信不夠的心結。

3.將難易不同的工作交錯進行。利用工作交錯分配的方式提高工作績效。

4.以目標成為自己工作的原動力。例如工作完成之後，自己獲得休假、或是大筆的進帳等。

5.做好時間管理。確實執行，可以避免意外事件的突發影響工作進度。

6.不要以時間作為控制進度的標準。例如計畫每天固定工作五小時，其成效必定低於每日完成多少進度。

分心

在家工作沒有上司的監督、公司制度的約束，SOHO族常可能因為無法專心一致，而影響工作效率。造成工作分心的因素多是對於該事情缺乏興趣、個人的自制力較差等。如何摒除分心的誘因而專心工作呢？

1.遠離家中的誘惑。如電視、冰箱、客廳。
2.學會對於非關進行中的工作事項說「不」。
3.控制講電話的時間，盡可能「長話短說」。
4.利用備忘板提醒家人「工作中！請勿打擾」（其中註明工作與休憩的時間），避免在工作時受到家人干擾。
5.工作地點只做工作份內的事情，不作瑣碎的事。
6.辦公桌上不要擺設工作之外的物品，如書報雜誌等。
7.家事與雜務應盡量安排在固定時間處理。
8.工作時盡量在工作室中，不要在家中到處閒晃。

工作狂

有些人為了讓工作更具彈性自由而進入SOHO的行列，也有部分人是希望藉此實現自己的理想，這些渴望實踐夢想的人，對於工作上總燃燒著一股熱情與野心，再加上缺乏企業的依靠多少有些不安全感，因此，在工作方面就如拼命三郎，日以繼夜、不眠不休地工作，將自己所有的時間與精力全部投注在其中。然而，凡事都有其一定的限度，工作也不例外，過量或不足都會出問題的。

從字面上的「狂」字，就能明瞭其對於工作的積極程度定是非比尋常，也可以從工作情況來分辨工作狂的獨特特徵，例如，完美主義者通常多有工作狂傾向，除了對事情的完成極端地要求；再而總是長時間在辦公室中工作，且常犧牲休假與休息時間，或甚至沒有休假；另外一點就是工作與家庭的時間完全沒有界限，忙得分不清幾時該休閒，也因此對於工作過於拼命，常忘記停下腳步，去思考有效的工作方式。

然而，過量的工作也會造成在健康上、家庭上的危機。前述的健康危機會造成身體上的不適、過勞死、甚至是壓力過大的精神負擔；而家庭危機則是會使得家庭、配偶、親子關係的不和諧。

為了工作而拋棄家庭與健康是極為不智地作法。你知道自己是否有了

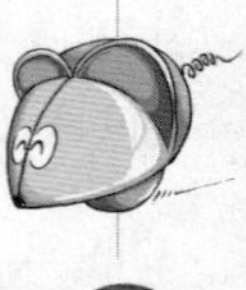

「工作狂」的徵兆嗎？以下幾個問題可提供你做一檢視：

1.工作量過大時，是否會將部分工作授權與別人？

2.你的工作時間是否常常超過八小時以上呢？

3.你是否長時間待在辦公室呢？

4.為了工作，你是否常犧牲休假呢？

5.你的工作時間是否常佔用家庭同聚與休閒的時間？

若以上問題中，你有三題的答案都是否定時，這表示你應該調整自己的工作作息；假若五題的作答皆是否時，則表示你已是標準的「工作狂」了。事實上，工作時間長不代表效率好，效率與時間不一定成正比；古言道適時的休息是為了走更長遠的路，所以請不要犧牲自己的生活與健康。

貪心

開始創業的SOHO族，難免急於在短時間之內成功，或是創出名聲來，因此任何工作他們都來者不拒，不懂得斟酌自己的能力挑選工作，一股腦兒地通吃，只希望藉工作證明自己能有所作為。但是一個人畢竟在時間、能力都有限之下，過於急功，反而會產生負面的效果。

過於貪心容易產生一些危機：工作的延誤、忽略工作細節、壓力較大等。「貪心」表示工作量已然超過負荷，因此，容易使工作或計畫被延誤，且想在短時間內匆促的完成工作，也容易忽略比較細節的事情。相對地，業務量過多，工作壓力自然變大，效率無形中也會降低。

若要探究導致貪心的因素，可分為下列幾項：

1.對自己的能力過於自信。

2.藉由一番作為證明自己的能力。

3.對於工作時間的錯估。

4.各項工作計畫過於集中。

針對上述的因素，建議SOHO族在接下一件工作時，最好評估自己的能力，再承接適量的工作份量。其次，工作的完成時間盡可能錯開，不要過於集中在一時，免得因撞期而延誤；最後搭配適當的時間管理與調配，如此一來，即使工作量大也能如期完成。不過，建議SOHO族對於工作還是應有重質不重量的態度，若只是一昧在工作量上「貪心」，將導致手忙腳亂之後，樣樣工作皆不如預期想像，讓自己賠了夫人又折兵。

第四章

編織一幅美麗的事業藍圖

第一節 你適合哪種SOHO類型

評估自己的適性度之後，接下來就進入執行面的規劃，此時，工作的組織型態也是需要考慮的一點，其規模的大小，影響著未來業務與經營運作等種種的層面，它也涉及在財務上與能力的承受力。然而各式樣的組織型態組合，哪一種適合自己呢？你必須仔細評估與審慎研究之後，再做出適當的決定。

SOHO族可以考慮的組織型態有下列幾種：自僱、個人工作室、合夥、股份有限公司等。所謂的「自雇」就是一個人包辦所有事務，對外是以個人的名義工作，只需繳納個人所得稅即可。

然而個人工作室則是指沒有正式向經濟部及地方政府登記的營利組織。不過個人工作室可以委託會計師向市政府建設局或是縣市政府工商課登記，而且只要五萬元的資本額就可以辦理登記。成立工作室的好處在於可以向外界宣告，由於工作室得以開立發票，可以讓合作的廠商取得一些證明，處理財務方面也比較方便。

獨資？亦或合夥？

若你想要較具規模的經營組織，就可以選擇獨資、合夥及公司等法人組織方式。

一、獨資

獨資算是所有型態中較為單純的形式。公司的成立、經營，只需個人即可。不過公司的一切事務皆由自己全權負責，營運狀況也是一人要支撐，所以你必須承擔經營成敗的後果。假若經營成功的話，所有的榮耀與利潤都是你個人享有；反之，失敗後的爛攤子也要獨自扛，沒有其他人可以分擔。所以創業前必須要考慮自己能否有獨當一面的能力。

二、合夥

如果你害怕自己無法單打獨鬥，不如找幾個志同道合的合夥人一起合作。只是在選擇事業夥伴的時候，最好是考慮清楚各項因素。下列提供你幾個選擇合夥人的重點：

1.能與自己的專業能力成一互補。例如你善於行銷方面的工作，在選擇合夥人時最好是有財務背景、具備創意的專才等，如此一來，即可形成相輔相成的功效。

2.清楚對方的信用與工作態度。未來必須一起創業的人，若不了解對方的做事原則與方式，則容易起衝突與爭執，最後造成分道揚鑣的下場。

3.假若你的合夥人是親友時，應該在事前先溝通雙方的想法，盡量對事不對人，避免因工作破壞感情。

4.建議簽訂一份合約，清楚的劃分各個合夥人在公司營運上所扮演的角色，以及權利與義務，方能各司其職且避免不必要的糾紛。

5.利潤分配的方式最好也事先做過協調與安排。

三、公司

凡是向經濟部及地方政府正式登記，由二人以上成員且領有「營業事業登記證」及「公司執照」的營利組織，就成為正式的法人。倘若公司的年所得在十萬元以上者，必須繳交百分之二十五的營利事業所得稅。其好處在於可向客戶表示你是經過政府合法登記的公司，對於未來的信譽與經營有幫助，而公司的型態可分為有限公司、股份有限公司。

1.有限公司

有限公司最大的優點在於不必承擔這個事業的無限責任，成立公司之

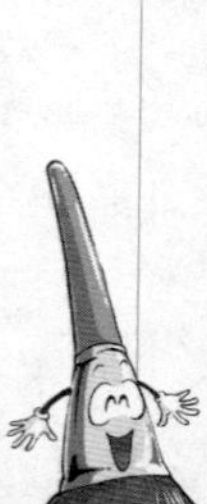

後必然有資產與負債的問題，而「有限」則是針對負債而來，同於債務有限的意思。如果公司經營不善而宣告破產，即使有再多的負債，有限公司清償的金額只須與原先成立時的資本額相同即可，例如資本額是三百萬元的公司，其最大的負債額度就是三百萬元。

2.股份有限公司

現階段證交所上市的企業都是屬於股份有限公司，所謂的「股份有限公司」也就是公司的股權與債務都由股東同享，一旦必須清償債務時，股東的債務負擔比例則比照其在公司的股權結構比例分擔。

股份有限公司的優點在於公司的股份可選擇性的賣給投資人，有助於資金的募集；其次，由於組織屬於法人，擁有自己的身分，對外比較具有說服力。

綜合與建議

上述介紹幾種SOHO型態，你自己是適合哪種類型呢？可根據本身擁有的資金、專業能力、個人性向等各方面去評估。通常，個人工作室與自雇工作型態是比較簡單且易於採用的形式，所以當事業尚在觀望的階段時，或是剛開始創業的SOHO族、資本額不足也想要創業的人，或是只想獨自擁有個人的創作殿堂，自雇與個人工作室便是你最佳選擇。

多數的SOHO族仍希望未來以成立公司為終極目標，尤其當個人事業到達某一個頂點時，「設立公司」就成為下一個階段的目標。不過，經營一個公司所需要花費的精神更多，從申請設立開始，一連串的階段都必要仔細評估及規劃過，事前事後要安排的事物亦十分瑣碎，只是這不是本書談論的重點，在此就不多提了。

（見118頁經營形態分類表）

進入SOHO之門

備忘錄

第二節 資料與客户檔案的整理

在高度競爭的工商社會中，懂得掌握資訊的人，就猶如握住了開啓成功的鎖匙。然而，大量的資訊就像巨大的洪流幾乎淹沒我們，哪些資料需要保存？哪些又該摒除於外呢？這都必須經過系統化的評估與挑選。

如果你必須花費幾個小時尋找資料或文件，甚至有時連一張名片都不知去處，這樣的工作效率不僅奇差無比，還會令人心情煩躁。因此，SOHO族若要有效率的工作，就應建立一套方便自己工作的資料處理系統。

有哪些資料需要建立完善的檔案系統？大致可分為下列幾種：客户資料檔案、名片檔案、計畫文件檔案以及資訊庫等。

一、客户檔案資料

無論你從事哪一類型SOHO工作，客户的資料都應該做好妥善的整理，可依公司或聯絡人姓名的筆劃或字母照順序排列。建議你可以設計屬於自己的一套客户資料表，表中應包含客户的姓名或公司名稱、合作的工作項目、聯絡電話與住址、客户的喜

好以及工作特性等，可供下次合作時做參考。(見118頁客戶資料表)

尤其是從事服務性質的SOHO族，建立每一個客户的檔案，除了方便隨時取用資料之外，更能掌握客户的喜好，不至於流失任一客户的心。對客户越了解越能獲得對方的信服，因此這類的資料整理絕不容忽略。

二、名片檔案

其實，市面上已經有許多類型的名片盒及本子，只要你花點時間將名片分門別類放置即可。而名片檔案最好擺置在電話附近，以便取用方便。

另外建議你每次拿到新名片，就立刻在名片上註明會面日期與原因，若是服務或業務性質方面的SOHO族，可再註明客户的喜好與特性。好處在於整理時方便，還有助於淘汰年代久遠的名片，且便於清楚合作的工作類型。

三、計畫文件檔案

這類型的檔案即是為了工作所建立的檔案資料。依工作規模大小不一，計畫檔案設計也不盡相同，規模大且業務多的SOHO族可再細分為計畫、文件以及預定事項檔案等三種。

1.計畫檔案。

也就是針對進行中的每一項計

畫，單獨建立一個檔案。首先，在檔案的封面內頁紀錄有關的資料，如相關人員的姓名、地址、電話、工作進度、開會日期、工作完成日期等。如果該檔案內相關的文件與資料越來越多，再依細目不同分類，例如開會記錄、訪談等再另立新檔。

以筆者所撰寫本書為例，首先建立一個檔案，名稱為「二十一世紀新工作潮流」，撰寫之初的資料中僅有企劃書、工作進度表、採訪對象資料、契約書以及相關書籍的目錄等。其後相關報導資料與剪報漸多，於是就將資料依類別分類，例如SOHO族的生活規劃、理財規劃等，將資料另立新檔放置。

2.文件檔案。

此時所談的「文件」是指除了計畫以外的文件，如個人財務、法律、及其他方面的文件，將文件分門別類整理，除了取用方便，也便於歸檔。而其歸檔的原則在於方便查閱，不只是存放而已。

3.預定事項檔案。

針對每項工作而擬出的預定計畫所設立的檔案。在檔案上標示「預定事項」，每一份資料的第一頁，都用有顏色鮮明的麥克筆在右下角註明日期，依日期的先後順序排列。定期整理丟棄不用或已完成的資料。

四、資料庫

SOHO族要成長必須蒐集相關或是特別的資訊，作為更新產品或創新的資源。資料中必定會有幾個檔案，是蒐集關於有興趣的主題或是和工作相關。譬如，剪報或演講、訪談紀錄、影印資料等相關資訊。當然每隔一段時間，將不用的或是逾時的資料清理掉，免得增加過多的負擔。

五、其他

根據不同的工作性質所需要的資料檔案也不一，除上述一般性的檔案外，磁片、錄音帶、照片、錄影帶等也是需要整理歸檔，可按時間或是工作事件分類排列。尤其是照片最好能註明清楚拍攝地點、人物、日期以及事由，否則時間一久就很難辨認了，錄音帶與錄影帶亦是如此。而磁片最好準備備份，以預防遺失或損壞。

整理檔案時的基本原則

1.將所有的檔案資料一起存放。如卷宗、名片、帳簿，存放在同一個特定的地方。

2.每次取用檔案之後，必定歸位。

3.新進的資料最好立即歸檔，不要積

存一大堆才整理。

4.最新的資料排列在最前面。

5.資料過多時，可以再細分次檔案。

6.所有的檔案皆標示適當的名稱。

7.將「常用」與「備用」的資料分開存放。

8.若無法立即整理資料時，可利用閒暇時間整理堆積的檔案與資料。

資訊電腦化時應掌握的原則

1.目錄或檔案名稱與文件名稱一致。除了容易查詢之外，亦可由檔案名稱看出檔案的內容。

2.硬碟中的資料最好都以磁片作備份拷貝。

3.每天刪除不用的檔案，避免資料過於龐大雜亂。

4.常用的磁碟片放在電腦伸手可及之處。

處理信件的程序原則

1.找出一個固定處理郵件收發的地方。通常以距檔案及電話最近為宜。

2.把相關的文具用品放在一起以方便取用。如郵票、膠水等。

3.每天撥出約四十五分鐘整理即可。

4.信件的處理方式：丟棄（如無用的D

M)、立即採取行動(工作相關信件)、轉交(如家人信件)以及歸檔。

如何取捨資料?

1.進行計畫時，保留有關的資料，計畫結束，或客户不再聯絡時，就不必再保留了。

2.至少一年檢討一次檔案，刪除不再用到的資料。

3.保留與現在工作，或是將來預期要做的工作有關的資料。

4.保留無可取代、取得困難、昂貴或費時的資料。

5.產品保證書、執照、證件、契約書等，應該永久保存。

6.報稅資料、財務報表、憑證等至少保留十年左右。

最後，建議SOHO族在規劃資料檔案時，盡可能簡單明瞭化，擺設在隨手可得的地方，若資料雖然整齊但卻不方便拿取，這不算最好的辦法。而且資料與檔案的整理主要是協助工作的進行，而非增加工作的負擔，所以過於複雜的手續與表格也會徒增無謂的麻煩。試想，當工作發生疑問時，所需要參考的資料是你隨手可取，不僅整齊且完備豐富，令人有種工作已完成一半的感覺，工作效率自然也會大大地提升!

第三節　SOHO族之獨門行銷絕招

在家工作的日子顯然是自由率性的，倘若一味地享受自在的生活，卻未見工作起色，長期下來，將面臨因物質生活的缺乏而造成恐慌。業務推展上最大的困擾在於客戶有限與市場目標之不確定。單有創意與才華，卻無法將事業拓展出去，就猶如閉門造車，製造出的好車乏人問津，只有自己孤芳自賞多可惜啊！

事實上，SOHO族所要擬定的行銷規劃與一般企業並無太大的差異性，唯一的不同點在於人手與資源方面，一般公司多是由行銷部門負責，而SOHO族則必須獨立承受，恐怕得擁有十八般武藝的招數，才能完全地掌握住行銷技巧。而如何在有限資源下規劃出有助於自己的行銷絕招，就是本節所要探討的重點。

傳統的4P行銷理論

如果你對於行銷一點概念都沒有，建議可以從傳統的行銷理論下手，或許你覺得規模又不大，需要用到行銷理論嗎？事實上，許多的行銷策略皆由此論點延伸出來，以它作為

基礎，再發展屬於自己的行銷策略。

何謂「4P」呢？簡單地說便是產品(Product)、價格(Price)、通路(Place)以及推廣(Promotion)。

一、產品

產品的解釋有廣義、狹義的分別，狹義的產品是指實質的物品，如文字SOHO的作品、服裝設計SOHO所設計的衣服成品等，廣義的產品定義則是除了實質的物品之外，還包括抽象的產品——服務，如保險、直銷等。

SOHO族對於自己的產品與服務應注意下列幾個要點：

1.SOHO所提供的產品與服務應具有獨創性，應有別於其他同業。就以文字SOHO為例，其作品的題材必須創新、獨特，才能在出版市場上佔一席之地。

2.除了產品本身的功能之外，也能提供多項的附加功能與服務。例如：資訊SOHO依約完成客戶的網頁設計之後，可以另外提供免費的更新服務，讓客戶有一種物超所值之感。

3.讓產品建立自己的品牌，也就是提升產品的知名度。

二、價格

價格的訂定標準，通常讓初入門

的SOHO族傷透腦筋，無論估高、過低都不好。這是難以避免的一場「價格攻略戰」，對於客戶來說，價格當然是越低越好；而相反地，SOHO族卻以利潤為目的，如何在兩個背道而馳的立場上取得平衡、達到共識就是巧妙之處了。

若就行銷學來說，一般可分為下列幾種訂價策略，可提供你作為訂價的參考指標：

1.以成本為基準的訂價策略

簡單地說，就是以產品的單位成本加上利潤的數額所做的標準。譬如一位花藝設計SOHO族，她為某企業所舉辦的產品發表會場做佈置，她該如何報價呢？可以依照會場中所採用的花材成本價格，再加上她設計創意價值的總和即是，而一份佈置會場的完整報價，最好是將所有的支出成本明細一一詳細紀錄。

2.以價值為基準的訂價策略

它與前者是有些差異，原則上，以成本作為訂價標準是以產品為重；然而，以價值為基準的訂價策略，則以客戶認同的價值為準，重點在於顧客能否接受這樣的價格。

客戶在與你議價之前，必定也做過一般價格標準的調查，客戶的心裡

也有個底數了，因此，你可以比較其他案子與同業的數額做參考，在議價時提出實例與客户説明，讓他們知道你不是漫天叫價。所以你可以請教同業以了解基本行情，在訂定價格的標準時方知如何取捨。

3.以競爭為基準的訂價策略

這類型的訂價方式就像是「價格戰」或是「薄利多銷」，以壓低價格來取得市場上的優勢，這對於創業之初的SOHO族，或許可以考慮採用這樣的方式，爭取市場佔有權，不過這種具有殺傷力的訂價策略，執行的時間不適合過久，因為資本原本就較不豐厚，這種方式又容易蝕老本，過一段時間還是要恢復上述兩種的訂價策略，否則會造成偷雞不著蝕把米的慘狀。

三、通路

對於一般企業而言，是指產品的配銷體系，對於SOHO族來説，通路的好壞對於以店鋪為主的創業SOHO族影響比較大，如加盟店、花店、服飾店等，他們必須透過完善的通路去擴大產品的銷售。

其實也可以將其延伸成人際的脈絡方面，所謂「在家靠父母，出外靠朋友」，可見人脈關係也十分重要，就像一些企業習慣將外包的案子交給熟識的人做，如果你的人際範圍夠廣，機會就自然多起來了。

四、推廣

前三者所談都以原則性較多，然而「推廣」則是針對前述的原則所訂定的行銷計畫，並且實際去執行之，事實上，SOHO族可以參考企業的行銷方式，再重造為自己的行銷策略。

擬定行銷計畫時需考慮的事項

1.了解自己事業的現狀。如現階段相關市場的發展現狀，自己的產品欲在市場上作何定位？未來可能面臨的挑戰有哪些？自己在相關市場上有哪些優勢與劣勢？

2.擬定事業的前景。你希望達到什麼境界？也就是為自己事業設一定位。

3.清楚自己銷售的對象。包括銷售目標的年齡、收入、性別、需求，以及對象企業的規模等，越能掌握各項細節越好。

4.設定具體且能達成的目標。

5.欲進行的行銷策略與計畫，如低價策略、媒體宣傳、自我推銷等。

業務推廣的方法

一、建立口碑

記住！珍惜每一次合作與機會，唯有良好的服務才能建立他人對你的好印象，除了有再次合作的機會，或許還能為你介紹新客户。假若每次的工作都能完美達成，自然會形成口碑，那麼就不愁沒有客源了。

二、廣結人緣

建立良好的人際關係也是SOHO族生存的辦法，畢竟「和氣生財」嘛！如何拓展人際領域呢？建議先由近至遠逐漸擴展，如果既有的關係都無法維持下去談什麼擴展人脈，而且也是捨近求遠的笨方法。以下步驟可以作為參考：

1.先向原有的客户下手。如主動聯絡過去上班時所結識的客户，告知你已經獨立作業，請他們多多指教。

2.讓你的親朋好友、鄰居了解工作狀況與性質。

3.加入同業工會、商業組織或相關活動和社團。其好處可以走出有限的空間，接收外界資訊、結交人脈。

三、寄發DM宣傳

以郵寄方式去推展業務，就是以不確定的客户為開發對象，如果你選擇這種方式做行銷，可利用電話簿、或不妨直接聯絡同業工會，設法取得會員名單或通訊錄。例如有些空間設計的個人工作室，會寄發裝潢方面的DM給剛購屋的人，他們會想辦法向建設商索取購屋人的名字與地址，然後再設定目標客戶，才不至於浪費成本、效率也不見得高。

四、打開知名度

SOHO族要擴展業務時，行銷策略的第一步驟應是懂得將自己行銷出去，也就是打開知名度、塑造專家的形象，如何利用有限的資本去行銷呢，善用媒體是一個不錯的方式。

以MIGI為例，她的行銷術就是強調個人特色，建立自己的風格。MIGI一開始先幫專業雜誌撰寫相關的文章，並且在網路上架設個人網站，接下來撰寫「穿著睡衣賺錢的女人」、「用指尖談戀愛」等書，她表示自己十分願意與媒體合作，因為那是一種省錢的行銷方式，所以MIGI經常接受雜誌、電視專訪，以及從事演講的活動，目的就是為了行銷自己。

網路行銷

網際網路的盛行，使得網路行銷法也成為熱門且省錢方便的一種行銷方式，尤其對於SOHO族而言，更是極為理想的方式，無須多大的空間一樣可以從事具規模的事業。

利用網際網路從事行銷可分為兩種：一、單純地上網做廣告、宣傳；二、架構專屬的網站。

一、上網路做行銷

從事網路行銷的第一步就是上網。上網以後，你會擁有自己的電子郵件信箱、或藉用其他網站所提供的免費e-mail及網頁，作為自己對外的聯絡基地，讓客戶得以藉此與你聯繫。

有了網路行銷基地，下一步就是主動地對外開展網路上的脈絡，不過在網路上請注意基本禮貌，免得成為各大網站的拒絕往來戶。

1.參與相關專業網站的討論區。

你首先尋找與自己事業相關的網站進入，並且加入討論區做接觸，盡可能表現具有專業知識，不可太急於推銷、廣告意識過重，不然易導致其他網友的反感。其次，在提供相關資訊時，當然不要忘記註明個人的基本資料，如工作室性質、你的名字、電子郵件信箱、以及專屬網站等，讓別人容易找到你。例如服裝SOHO族，就應選擇網站上有關流行資訊的討論區，在網路上提供服裝流行訊息與搭配概念，吸引有興趣的網友談論，若討論能形成熱門話題，提升你在網路的知名度，自然有人會找上你。

2.最佳張貼廣告的地方—商業服務網路的分類廣告區

你可以設計一篇文情並茂的廣告稿，標題簡潔、有趣，內容提供的資訊越多越好，最好以免費作為吸引的花招，「免費」是網路上最吸引網友駐留的字眼，在BBS§W則儘量避免刊登廣告，免得遭到網友抨擊。

二、架構自己專屬的網站

另一個網路行銷方式是架構自己的網站，好處在於可將自己的工作性質、所提供的服務等張貼在網站上，藉由網站與國內外的網友建立一個互動的關係，將服務面延伸到更廣。

不過在上網之前，最好還是先評估自己適不適合從事網路行銷？因為網站的經營不容易，也不見得比較討好。所以建議在創業之初，只要張貼廣告及加入討論即可，等事業達到一定規模再嘗試。但有些事業，如資訊SOHO族會藉由專屬網站呈現自己的專業與技術度。

有了網站之後，如何製作出吸引網友的網頁？以下幾種方法可供你做參考：

1.網站的名稱要嗆、畫面要炫。
2.儘快地到國內外各大搜尋引擎站上登錄。
3.和其他熱門網站做連結
4.舉辦各式的活動，如贈獎、遊戲、拍賣會等。
5.設法招收會員、並定期提供相關的會訊。
6.提供免費軟體下載服務。
7.經常更新版面、資訊。
8.提供討論區或聊天室、留言版。
9.在Netnews上經常廣告一番。
10.同步印行平面媒體促銷。
11.提供諮詢服務及大量資訊。
12.免費的網頁或電子信箱設置服務。

與企業密切合作

近年來，由於景氣不振之故，企業為了減縮人事成本，將工作外包的情形也日增，提供了SOHO族許多的工作機會，但是如何才能與企業合作呢？而具備哪些條件的SOHO族才能吸引企業呢？

與其苦求無機會，不如主動去挖掘與企業合作的管道，以下便提供一些可能與企業合作的主要管道：

1.熟人推薦：最普遍的管道，經由企

業內部的相關人員告知。

2.媒體廣告：有些企業會於報紙、電視及相關刊物上刊登相關報導。

3.人力資源公司：就是俗稱的「獵人頭」公司，所以應製作詳盡的履歷書投至這類公司。

4.網際網路：利用網路行銷來吸引相關企業注意，當然網頁的設計與內容要夠好。

5.毛遂自薦：製作精美的工作簡介、個人履歷表，然後親自前往拜訪且遞上簡介書與名片，或是附上名片寄至該公司，這種管道比較辛苦，初創業的SOHO族沒有人脈關係時，就可以利用毛遂自薦的方式。

6.知名度：已具知名度的SOHO族就比較輕鬆了，企業會聞名而來。

然而，企業根據哪些條件去挑選適合的SOHO呢？通常他們會考慮下列幾點：

一、個人的專業度

這是最基本的要件，除了具有相關的專業之外，也包括相當的工作資歷與經驗。

二、知名度與口碑

知名度與口碑這兩者是吸引企業

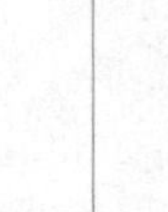

注目的最佳方式，可利用參與相關社團、講座、活動去建立自己的名聲及人脈。

三、企劃案的提案技巧

企業最需要的就是一份好企劃，如何製作教人讚許的企劃呢？

在提案時應掌握下列原則：

1.對該企業要有深度的了解。
2.根據深度了解計畫出適合的提案，讓企業褪去防心。
3.將所需要的資料備齊，讓對方知道你的認真程度。

四、是否具備良好的信用

五、工作價款數額的考量

六、評估ＳＯＨＯ的敬業程度

七、能提供多少附加服務

「失敗者等待機會來到，成功者則是創造機會」，是的！機會是不會從天上掉下來，你必須主動出擊才可能獲得它，身為SOHO族的你，應該積極去爭取所有能發揮能力的時機，如此一來，才能一步步邁向成功的道路。

第四節 如何開一個好會

從事專職企編SOHO工作的凱文，日前接洽一個案子，重點在於協助某家企業規劃一項大型展覽活動的案子，不過合作的當中發生些問題，雖然經過多次會議的溝通，雙方仍無法達成一致的共識，以至於工作遲遲難以推行，使得凱文傷透了腦筋……。

一位成功的SOHO族，除了應具備專業知識、行銷、管理事務的能力之外，懂得溝通的技巧也是取得客戶好感的先決條件之一，良好的溝通，才能使事情確實達到客戶的要求，不會因擅作主張而造成反感，或是與客戶的想法背道而馳；另一方面，良好的溝通技巧較易取得對方的信賴，有助於工作的進展，因此，溝通是不可缺的能力。

工作機會是不會從天而降的，當你與客戶作初步接觸時，良好的溝通能力也可協助自己去爭取合作的機會或利益。善於溝通的人，除了懂得將自己推銷出去，同時還能讓對方了解自己的工作項目與服務，如此一來，當對方在決定合作對象時，就能為自己多掌握一分勝算。

世界上並沒有完美的事，有時候

遭遇一些困境與挫折是難免的事，當你的立場處於劣勢時該如何自處？尤其SOHO族多屬於弱勢的個體，若不懂得保護自己的權益，容易被人刻意的漠視。例如當你勞心勞力地完成工作，卻遲遲地領不到酬勞甚至跳票等等，此時，該如何去談判與爭取呢？

溝通、談判是SOHO族在面對外界時所須擁有的基本能力之一，就像是為自己與外界搭起橋樑一般，若橋蓋的好又穩，無論事情的是非與否都能在自己的掌握中；若不幸地，橋樑基礎不好就容易崩潰，問題就會讓你應接不暇的出現。因此，本節所談的重點就是如何去談判、溝通及開會。

大家，開會了！

關於談判、溝通及會議的技巧是極為複雜與多變的，並非三言兩語可以解釋清楚或是立即能學會，通常是要累積許多經驗之後，才得以體會部分精髓。因此，本節只提供基本原則，其中之巧妙就要靠自己去捉摸了。

「開會」，是SOHO與客戶最常面對的場所與方式，因此，會議中的表現就頗令人重視了。

通常，會議的目的有三種：

一、工作提案會議

為了爭取工作機會，完美的提案

會議將是突顯自己特色的最佳方式。

第二、行政會議

這類型的會議是當合作已簽訂後，雙方為了規劃工作所進行的溝通及協調會議。

三、談判會議

多是指雙方立場相異、相牴觸時，兩方為自我的利益爭取應有的權利所召開的會議。

針對不同的會議類型，你該採取強悍有力，抑或不卑不亢；委曲求全，還是默不吭聲的應對態度呢？溝通與談判兩者不同之處在於強度問題：溝通是屬於較柔性且正面的態度，而一旦涉及到談判時，就變得比較強硬對立了，但是兩者的共同目標皆是希望達成一定的協議，因此，本文中並未將其兩者刻意區分說明。

會議桌上的把戲

有人誤以為SOHO族可以避免開會的繁瑣事務，事實上錯了；相反地，會議變得更加重要，因為這是合作雙方的溝通場所，怎能不重視它！但是該如何去經營一場好的會議呢？

「會議」可分為會議前、會議進行

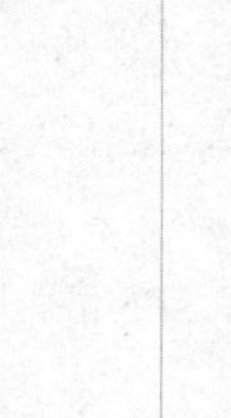

中兩大重點。首先，在會議之前，你必須清楚此次會議的「目的」，以及針對目標作好「情報收集」。

一、目標的設定

在出席會議之前，應先設定此次會議的目標重點。事實上會議的類型不同，其目的也不一樣，例如，為了合作計畫的順利完成，會針對工作進度召開相關會議，此時會議所設定的目標就是如何推動工作及檢討工作進度的優劣等。假若是事前的提案會議的話，你所設定的目標則應該是如何讓對方了解自己的能力與服務項目等。所以SOHO族應有針對會議性質不同，而隨當時情況作修正的能力。

二、收集情報資料

「知己知彼，百戰百勝」是眾人皆知之道，在會議之前你必須依靠廣泛的知識與經驗，儘量獲得消息和情報，此外，還要了解對方過去的歷史、現狀調查與其相關的事物，並且進一步去思考對方的提議，預測對方的反應、處事性格及拒絕的因素，然後再針對這些問題評估自己可以採取的處理方式。

會議桌猶如戰場，你如何掌握勝算的一子呢？首先氣氛是十分重要的一環，它是一個奇妙的調味品，無論對方的態度如何，盡可能培養互相尊重的氣氛，減少緊張的場面，才不至於因場面僵硬而談不下去，甚或撕破臉導致不再合作的局面。

其次，應注意把個人利益設法轉變為共同利益，也就是塑造雙贏的局面，因為會談中沒有一方願意吃虧。最好的方法是就雙方共同的目標作不斷地溝通，包括發現共同的利益、相互的需求，並強調雙方可透過協議來達成一致的目標，而不是互相衝突與追尋相左的目標。事實上，彼此都在觀察對方，尋求任何有利於己方的蛛絲馬跡，以便在會議中取得優勢。

「傾聽」，是會議時最重要的一點。不但要能聽出對方說些什麼，還要知道對方遺漏什麼，若能這樣，對談判一定大有裨益，所以提供以下幾點傾聽的原則予你參考：

1.集中注意力、用心聽。

聽人說話是一門學問，而且有許多干擾會影響「聽」內容的真實性，務必要集中精神去注意對方的內容，最好的方式就是將重點紀錄下來，當對方正在發表負面的想法時，不可立即去打斷，這樣容易找不到問題點且易引起紛爭。

2.為了理出頭緒，可以適時發問。

當對方在説話時，原則上不要去打斷他，可是若能適時地發問，比一味地點頭稱是有用多了，

3.仔細觀察對方的表情與肢體語言。

有時候，肢體動作與表情常會不經意地洩漏對方內心的想法。因此，你可藉此了解對方的真實感受，讓勝算更增一分。

最後，請做好「會議紀錄」，許多人都不太重視它，甚至覺得麻煩。會議紀錄具有下列的好處：翔實紀錄每次會議重點、避免重複問題、還能作為下次會議的參考與評估以及工作備忘等等。建議你，可以將每個案子的會議記錄作一資料存檔，它能提供你每次工作、會議時作一參考。

一個成功的會議，重點在於事前準備是否充分？就像上戰場時彈藥是否完備般，缺乏準備的戰役將會是一場無功的出征。然而，經驗也是成功的要件之一，經驗除累積之外，就是不斷地事前練習，讓自己很自然且熟悉的習慣「開會」。

第五節 藉「法」保護自己

小魚開了一家廣告設計方面的工作室，在一次廣告比稿中，他的提案未被接受，但是不久之後，他竟在某一電視廣告中發現自己的創意被該公司所使用，於是小魚向該公司抗議，但由於提不出證據，因此無法指控他們盜用，小魚只好自己生悶氣了。

想想自己辛苦所設計的結晶遭人盜用，這是多麼令人心疼啊！台灣從過去到現在仍擺脫不了「仿冒」、「盜用」的惡名，為了遏止這種歪風，政府訂定了一些保護智慧財產權的相關法令，就是要讓原創者能保護自己的權益。因此，SOHO族應要懂得保護自己的心血，同時也要留意自己是否在無意間侵害了他人的權利，違反了智慧財產權，否則莫名的吃上官司，更陷入名譽損毀、名利雙失的窘境。

由於SOHO族多單打獨鬥，若要保護自己的權益就是以「法律」作為後盾，因此建議你在進行任何交易和契約往來時，除了要了解相關權益法則之外，更要讓對方清楚自己有法律作為後盾。

那麼SOHO族需要注意哪些法律

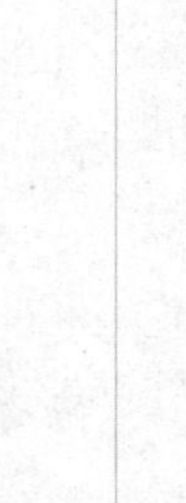

知識呢？有涉及智慧財產權的法令有著作權法、專利法、商標法、營業秘密法、公平交易法等，以上是一般應注意的相關法令，而隨著科技的進步也產生了新興的法律問題，如網路問題、電腦軟體保護等。因此你應該針對自己的事業可能涉及的法令作一了解才對，方能保護自己的權益。

著作權法

一、著作權的範圍

我國為了保護原創者的權利制定了「著作權法」，其中第五條指出語文、音樂、戲劇、舞蹈、美術、攝影、視聽、圖形、錄音、建築、電腦程式等著作，即是著作權法所保護的對象。

對於著作權的歸屬，原則上創作人即是著作人，但是法令上的「但書」讓情形變得複雜多了。以著作權法第十一條為例：「法人之受雇人，在法人之企劃下，完成其職務上之著作，以該受雇人為著作人。但契約約定以法人或其代表人為著作人者，從其約定。」它的意思就是說原則上著作權是屬於受雇人，除非契約有約定。以實例說明之：甲出版社企劃一系列新書，於是雇用小明幫其完成新書，雙方契約上約定，當新書完成之後小明領取稿費，而出版社獲得新書的版權，這樣子，小明對於該書就失去著作人的權力，著作人則是甲出版社。

二、著作財產權之存續期間

根據著作權法規定：著作財產權，存續於著作人之生存期間及其死亡後五十年。若是著作於著作人死亡後四十年至五十年間首次公開發表者，著作財產權之期間，自公開發表時起存續十年，也就是著作財產權的存續時間有五十年之久；其次，若是屬於共同著作之著作財產權，存續時間以最後死亡的著作人計算。

（見123頁參考法條）

專利法

根據我國的專利法規定將專利分為下列三種：發明專利、新型專利、新式樣專利。想要獲得專利權必須要向中央標準局申請，並且由專利審查委員確定你的申請是否符合原創性？對於專利申請的實際過程，可以向相關單位查詢。（見119頁專利說明表及專利與商標檢索系統表）

國內專利權的存續期間，依專利的種類有不同的規定。發明專利權期限自申請日起算二十年屆滿；而新型專利權期限自申請日起算十二年屆滿；新式樣專利權期限自申請日起算十年屆滿。

還有一點請你注意，就是當專利涉及到雇傭關係時，必須要清楚受雇人與雇用人的權益問題，可以在訂定契約上明白表示專利權的歸屬，若是沒有明定原則上是屬於雇用人。另外若是有一方出資聘請他人從事研究開發者，其專利申請權及專利權之歸屬也是依雙方契約約定，若契約未明訂，專利權則屬於發明人或創作人。

(見120頁專利法)

商標法

商標就是以文字、圖形、記號或其聯合式，可以使購買人認識該商品的來源與特殊性的標識。

除了可以為自己的商品申請專用商標之外，對於商業名稱與標示服務也可以申請標章。台灣目前可以申請的標章可分為服務標章、證明標章以及團體標章三種。

1.服務標章。

凡是欲表彰自己營業上所提供之服務，可以申請註冊為服務標章。而服務標章之使用，則是運用在營業上之物品、文書、宣傳或廣告，以促銷其「服務」為目的。

2.證明標章。

凡是提供知識或技術，欲以標章證明他人商品或服務之特性、品質、精密度或其他事項，可以申請註冊為證明標章。不過申請證明標章者，以具有證明他人商品或服務能力之法人、團體或政府機關為限。

3.團體標章。

凡是公會、協會或其它團體為表彰其組織或會籍，可申請註冊為團體標章。

請你留意商標專用權的存續時間，商標專用期間為十年，因此商標的登記必須每十年更新一次。事實上，登記商標是避免日後被他人控訴侵權，同時在別人侵犯了你的權利時，可以提出控訴，商標權的取得得以享有法律上的優勢。（見123頁商標法）

契約的訂定

事實上，我們可以發覺無論那條法令的規定，總會在最後加上一項「依雙方契約之約定」，因此契約訂定是十分重要的。所有的商業合作最好有書面紀錄，並且簽署相關契約，即使是自己的親朋好友也不例外，在契約上明定彼此的權利與義務、合作的

方式與性質種種相關事項，這是一種相互尊重的正確作法。

如何簽好一個契約呢？在簽訂契約時最好注意下列事項：

1.契約中應載明所有事項細節。包括金錢、數額、交貨時間、付款的方式等條件，以及雙方有過失時如何處理。

2.仔細閱讀契約中的條文。如果自己不是很清楚，可以請律師處理。

3.對於有疑慮的條文應加以詢問。

4.最好是逐條仔細閱讀後，並確認其條文的意旨。

隨著對於智慧財產權保護的重視，政府也陸續頒定許多相關法令，無法一一解釋與說明，建議你在與企業合作前、新作上市前等，除了自己翻閱相關的法律書籍之外，還是請專業律師為你把把脈比較恰當。

第六節 充電，為了提升自己

麗如自立門戶已經三年了，從事服裝設計方面的她，在同業中逐漸地建立自己的風格與品牌，總算在事業上頗有進展。不過她開始發覺自己的瓶頸，就是無法突破原有的設計風格，於是麗如毅然地放下原有的事業，決定出國再進修設計方面的課程。她認為自己需要學習新觀念、技術及知識，再求產品的創新、變化。

沒錯！「故步自封者，死也」，SOHO族最忌諱不求進步，尤其世界變化如此快速，有時總讓人來不及追趕，更沒有一套原理是可一招走天下，因此長久經營之計，就是不斷地求新求變，不可以停止學習的動作。

專業能力的再提升

除了不被時代潮流所淘汰之外，對於現有專業的技術再提升，例如原本只有初級資格的你，可藉著進修加強能力，進階到中級甚至高級的專業技術。再則，可再建立屬於自己的第二個工作專業，在競爭如此激烈的社會，多一分能力就增加一分機會，當你原有的專業不討好時，也還不至於失業。

以下就是很好的例子，小文原本是一位文字編輯的SOHO，所接洽的工作也多是編輯與寫作方面，她有時會擔心工作的收入無法維持生活的開銷，於是決定再開發自己另一項專才，讓自己的工作能力增加以外，還要能更穩定，於是她開始上有關網頁設計方面的課程。現在小文除了原本的工作之外，也開始接公司網頁設計的案子，她成功地拓展了自己的事業領域。

所以你若想增強自己的競爭力，應依照工作性質與需求規劃一份適合的進修表，按照表中的目標依序作進階性的學習計畫，千萬不要過於貪心免得吃不消而造成反效果。若就進修的方式來說，可分為短期、長期進修以及自修三種。最好是評估自己的時間、能力、需要以及財力之後，選擇適合自己的進修方法與項目。

短期進修增強新知

「短期進修」，通常是利用工作之餘去修習，每次研修的時間多為一個月到三個月，課程以進階性的課程及單一課題的科目較多。例如學習語文的課程多採用進階的方式，讓你一步步增強語文的能力；或是像「時間管理」的課程就是單一課題的研討。

為了不耽誤現有的工作，同樣的

課程會有不同的時段讓學習者挑選。

哪裡是進修的地方呢？例如企業管理顧問公司、部分大學開辦的推廣課程等，都是可以比較選擇的地方。

可供選擇的進修地點：

1.相關課程的補習班。

2.企管顧問公司所開辦的課程。

3.國內大學的推廣課程。

4.政府所舉辦的職業訓練課程。

回學校再拿學位

若你覺得想要獲得更有系統、專業的知識，也認為一邊工作一邊充電比較辛苦，所得證書也較不被外界所認可，那麼就再拿個學位吧！

此時的你有兩種選擇：也就是國內或是國外的學校。最好仔細評估兩者的可行性。通常國內學校必須經過入學考試，以研究所為例，由於各校的名額有限，因此都會在每年四、五月左右舉辦入學考，所以你必須評估自己是否有能力通過考試，是否有時間準備考試。

倘若選擇國外學校的話，首先必須評量自己的語文能力、生活適應等問題，其次，最大的負擔應該是學費與生活費的問題，畢竟在國外生活不似國內來的習慣、方便，在事前就應

該計畫清楚，最好事先想出解決之道，避免在國外問題頻出，影響學習的情緒與成果。

自修

也許你不想花錢上補習班，也沒有時間再讀個學位，那麼「自修」也是不錯的辦法，你只須在平時的工作表中挪出時間作為自修時間即可，也就是另闢時段放下工作充些電。不過想要利用「自修」的人必須有強烈的自制力，不然無法如計畫完成學習，通常還是容易被工作、休閒影響自修的時間。

「學如逆水行舟，不進則退」，這句令人雋永的名言，再再表明了「學習」的重要，只有不斷地吸收新知，才能趕得上時代的潮流，誠如名牌優秀的轎車，若不加油也是無法向前衝的，因此，當你在開拓業務、或埋頭苦幹的工作之際，不如偶爾停下腳步看看，規劃一份自己的學習計畫，不斷地吸收新觀念與資訊，充實自我的專業才能。

【經營形態分類表】

組織型態	股東人數	最低資本額	資本額證明
獨資	1人	沒有規定	1.資本額新台幣二十五萬元（含）以上、五十萬元以下加附資本證明影本一份。 2.五十萬元（含）以上再加附會計師查帳報告書及簽證之資產負債表各一份。
合夥	2人以上	沒有規定	1.資本額新台幣二十五萬元（含）以上、五十萬元以下加附資本證明影本一份。 2.五十萬元（含）以上再加附會計師查帳報告書及簽證之資產負債表各一份。
有限公司	5-21人	1.五十萬元以上。 2.依目的事業主管機關有較高的標準之規定者，從其規定。	會計師設立登記資本額查核報告書及資產負債表
股份有限公司	7人以上	1.一百萬元以上。 2.依目的事業主管機關有較高的標準之規定者，從其規定。	會計師設立登記資本額查核報告書及資產負債表

【客戶資料表】

客戶名稱	工作性質	實際的工作內容	聯絡電話	聯絡地址	備註
大都會	文字撰寫	撰寫SOHO族系列書籍	02-27235216	台北市基隆路一段432號4樓之9	

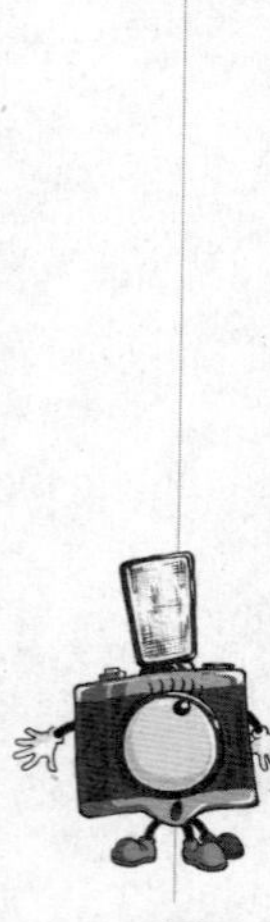

【專利說明表】

專利種類	意義	專利權期限
發明專利	利用自然法則之技術思想之高度創作。(專19)	發明專利權期限自申請日起算二十年屆滿。(專50)
新型專利	對物品之形狀、構造或裝置之創件或改良。(專97)	新型專利權期限自申請日起算十二年屆滿。(專100)
新式樣專利	對物品之形狀、花紋、色彩或其結合之創作。稱聯合新式樣者,謂同一人因襲其另一新式樣之創作且構成近似者。(專106)	新式樣專利權期限自申請日起算十年屆滿。(專109)

「專19」即表示專利法第十九條,其他類推之。

【專利與商標檢索系統表】

名稱	網址	主要功能
工業技術研究院工業材料研究所專利地圖服務中心	http://patentmap.mrl.itri.org.tw/welcome.htm	掌握許多專利資料、內容相關資料。
中華民國商標資料檢索系統	http://www.online.seed.net.tw/gu/tm/tmark-head.htm	能檢索與設定條件相同或近似之所有參考資料,於商標命名或商標提出註冊申請前,可提供你作有效的判斷與抉擇。
經濟部中央標準局	http://www.moeanbs.gov.tw/	1.職掌國家標準法規之研擬及解釋,及其他有關國家標準推行事項。 2.職掌專利商標資料之蒐集、編譯、刊行、供應、有關國際組織之聯繫及其他有關事項。 3.設有專利處、商標處。得以申請專利、商標。
亞太智慧財產權資訊服務系統	http://nbs.apipa.org.tw/	檢索專利的系統

【參考法條：】

專利法

一、專利的種類與意義

◎第2條

本法所稱專利分為下列三種：一、發明專利。二、新型專利。三、新式樣專利。

◎第5條

稱專利申請權，係指得依本法申請專利之權利。

稱專利申請權人，除本法另有規定或契約另有訂定外，係指發明人、創作人或其受讓人或繼承人。

◎第19條

稱發明者，謂利用自然法則之技術思想之高度創作。

◎第97條

稱新型者，謂對物品之形狀、構造或裝置之創件或改良。

◎第106條

稱新式樣者，謂對物品之形狀、花紋、色彩或其結合之創作。

稱聯合新式樣者，謂同一人因襲其另一新式樣之創作且構成近似者。

二、專利的歸屬權

◎第7條

受雇人於職務上所完成之發明、新型或新式樣，其專利申請權及專利權屬於雇用人，雇用人應支付受雇人適當之報酬。但契約另有訂定者，從其約定。

前項所稱職務上之發明、新型或新式樣，係指受雇人於僱傭關係中之工作所完成之發明、新型或新式樣。

一方出資聘請他人從事研究開發者，其專利申請權及專利權之歸屬依雙方契約約定；契約未訂定者，屬於發明人或創作人。但出資人得實施其發明、新型或新式樣。

依第一項、第三項之規定，專利申請權及專利權歸屬於雇用人或出資人者，發明人或創作人享有姓名表示權。

◎第8條

受雇人於非職務上所完成之發明、新型或新式樣，其專利申請權及專利權屬於受雇人。但其發明、新型或新式樣係利用雇用人資源或經驗者，雇用人得於支付合理報酬後，於該事業實施其發明、新型或新式樣。

受雇人完成非職務上之說明、新型或新式樣，應即以書面通知雇用人，如有必要並應告知創作之過程。雇用人於前項書面通知到達後六個月內，未向受雇人為反對之表示者，不得主張該發明、新型或新式樣為職務上發明、新型或新式樣。第一項報酬有爭議時，由專利專責機關協調之。

三、專利權的存續期間

◎第50條

申請專利之發明，經審定公告後暫准發生專利權之效力。經審定公告之發明審查確定後，自公告之日起給予發明專利權並發證書。發明專利權期限自申請日起算二十年屆滿。

第一項暫准發生專利權之效力，因申請不合程序致申請行為不受理，或因異議成立不予專利審查確定，視為自始即不存在。

◎第100條

申請專利之新型，經審定公告後暫准發生專利權之效力。經審定公告之新型審查確定後，自公告之日起給予新型專利權並發證書。新型專利權期限自申請日起算十二年屆滿。

第一項暫准發生專利權之效力，因申請不合程序致申請行為不受理或因異議成立不予專利審查確定，視為自始即不存在。

◎第109條

申請專利之新式樣，經審查公告後暫准發生專利權之效力。經審定公告之新式樣審查確定後，自公告之日起給予新式樣專利權並發證書。新式樣專利權期限自申請日起算十年屆滿。

第一項暫准發生專利權之效力，因申請不合程序致申請行為不受理或因異議成立不予專利審查確定，視為自始即不存在。

商標法

一、商標

◎第２條

凡因表彰自己營業之商品，確具使用意思，欲專用商標者，應依本法申請註冊。

◎第２４條

商標專用期間為十年，自註冊之日起算。

聯合商標及防護商標之專用期間，以其正商標為準。

前項專用期間，得依本法之規定，申請延展，每次延展以十年為限。

◎第２６條（授權問題）

商標專用權人得就其所註冊之商品之全部或一部授權他人使用其商標。

前項授權應向商標主管機關登記；未經登記者不得對抗第三人。

授權使用人經商標專用權人同意，再授權他人使用者，亦同。

商標授權之使用人，應於其商品或包裝容器上為商標授權之標示。

◎第２８條（專用權的移轉）

商標專用權之移轉，應向商標主管機關申請登記，未經登記者，不得對抗第三人。

受讓人依前項規定申請商標專用權移轉登記時，仍應符合第二條之規定。

二、標章

◎第７２條（服務標章）

凡因表彰自己營業上所提供之服務，欲專用其標章者，應申請註冊為服務標章。

服務標章之使用，係指將標章用於營業上之物品、文書、宣傳或廣告，以促銷其服務者而言。

但使用於商品或其包裝容器上有使人誤認為係促銷該商品者，不在此限。

服務標章之分類，於施行細則定之。類似服務之認定不受前項分類之限制。

◎第７３條（證明標章）

凡提供知識或技術，以標章證明他人商品或服務之特性、品質、精密度或其他事項，欲專用其標章者，應申請註冊為證明標章。

證明標章之申請人，以具有證明他人商品或服務能力之法人、團體或政府機關為限。

◎第74條（團體標章）

凡公會、協會或其它團體為表彰其組織或會籍，欲專用標章者，應申請註冊為團體標章。

著作權法

第一、著作與著作權人

◎第5條

本法所稱著作，例示如左：

一、語文著作。

二、音樂著作。

三、戲劇、舞蹈著作。

四、美術著作。

五、攝影著作。

六、圖形著作。

七、視聽著作。

八、錄音著作。

九、建築著作。

十、電腦程式著作。

前項各款著作例示內容，由主管機關定之。

◎第10條

在著作之原件或其已發行之重製物上，或將著作公開發表時，以通常之方法表示著作人之本名或眾所周知之別名者，推定為該著作之著作人。

前項規定，於著作發行日期、地點之推定，準用之。

◎第11條

法人之受雇人，在法人之企劃下，完成其職務上之著作，以該受雇人為著作人。

但契約約定以法人或其代表人為著作人者，從其約定。

◎第12條

受聘人在出資人之企劃下完成之著作，除前條情形外，以該受聘人為著作人。

但契約約定以出資人或其代表人為著作人者，從其約定。

第二、著作財產權之存續期間

◎第30條

著作財產權，除本法另有規定外，存續於著作人之生存期間及其死亡後五十年。

著作於著作人死亡後四十年至五十年間首次公開發表者，著作財產權之期間，自公開發表時起存續十年。

◎第31條

共同著作之著作財產權，存續至最後死亡之著作人死亡後五十年。

營業秘密法

◎第1條

為保障營業秘密，維護產業倫理與競爭秩序，調和社會公共利益，特制定本法。本法未規定者，適用其他法律之規定。

◎第2條

本法所稱營業秘密，係指方法、技術、製程、配方、程式、設計或其他可用於生產、銷售或經營之資訊，而符合左列要件者：

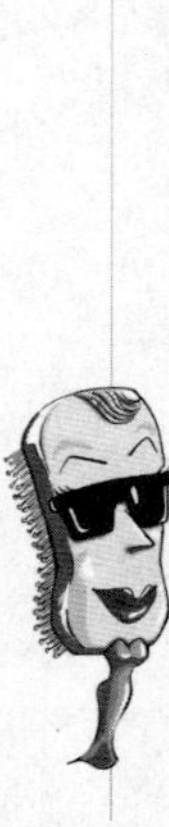

一、非一般涉及該類資訊之人所知者。

二、因其秘密性而具有實際或潛在之經濟價值者。

三、所有人已採取合理之保密措施者。

◎第3條

受雇人於職務上研究或開發之營業秘密，歸雇用人所有。但契約另有約定者，從其約定。

受雇人於非職務上研究或開發之營業秘密，歸受雇人所有。但其營業秘密係利用雇用人之資源或經驗者，雇用人得於支付合理報酬後，於該事業使用其營業秘密。

◎第4條

出資聘請他人從事研究或開發之營業秘密，其營業秘密之歸屬依契約之約定；契約未約定者，歸受聘人所有。但出資人得於業務上使用其營業秘密。

◎第5條

數人共同研究或開發之營業秘密，其應有部份依契約之約定；無約定者，推定為均等。

◎第6條

營業秘密得全部或部份讓與他人或與他人共有。

營業秘密為共有時，對營業秘密之使用或處分，如契約未有約定者，應得共有人之全體同意。但各共有人無正當理由，不得拒絕同意。

各共有人非經其他共有人之同意，不得以其應有部份讓與他人。但契約另有約定者，從其約定。

◎第7條

營業秘密所有人得授權他人使用其營業秘密。其授權使用之地域、時間、內容、使用方法或其他事項，依當事人之約定。

前項被授權人非經營業秘密所有人同意，不得將其被授權使用之營業秘密再授權第三人使用。

營業秘密共有人非經共有人全體同意，不得授權他人使用該營業秘密。但各共有人無正當理由，不的拒絕同意。

◎第8條

營業秘密不得為質權及強制執行之標的。

◎第9條

公務員因承辦公務而知悉或持有他人之營業秘密者，不得使用或無故洩漏之。

當事人、代理人、辯護人、鑑定人、證人及其他相關之人，因司法機關偵查或審理而知悉或持有他人營業秘密者，不得使用或無故洩漏之。

仲裁人及其他相關之人處理仲裁事件，準用前項之規定。

◎第10條

有左列情形之一者，為侵害營業秘密：

一、以不正當方法取得營業秘密者。

二、知悉或因重大過失而不知其為前款之營業秘密，而取得、使用或洩漏者。

三、取得營業秘密後，知悉或因重大過失而不知其為第一款之秘密，而使用或洩漏者。

四、因法律行為取得營業秘密，而以不正當方法使用或洩漏者。

五、依法令有守營業秘密之義務，而使用或無故洩漏者。

前項所稱之不正當方法，係指竊盜、詐欺、脅迫、賄賂、擅自重製、違反保密義務、引誘他人違反其保密義務或其他類似方法。

◎第11條

營業秘密受侵害時，被害人得請求排除之，有侵害之虞者，得請求防止之。

被害人為前項請求時，對於侵害行為作成之物或專供侵害所用之物，得請求銷燬或為其他必要之處置。

◎第12條

因故意或過失不法侵害他人之營業秘密者，負損害賠償責任。數人共同不法侵害者，連帶負賠償責任。

前項之損害賠償請求權，自請求權人知有行為及賠償義務人時起，二年間不行使而消滅；自行為時起，逾十年者亦同。

◎第13條

依前條請求損害賠償時，被害人得依左列各款規定擇一請求：

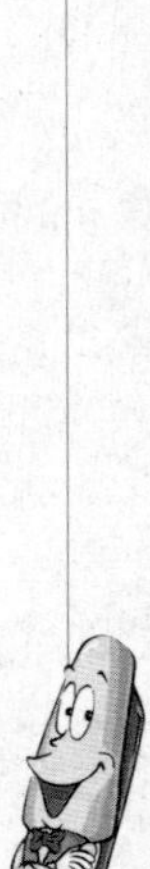

一、依民法第二百十六條之規定請求。但被害人不能證明其損害時，得以其使用時依通常情形可得預期之利益，減除被侵害後使用同一營業秘密所得利益之差額，為其所受損害。

二、請求侵害人因侵害行為所得之利益。但侵害人不能證明其成本或必要費用時，以其侵害行為所得之全部收入，為其所得利益。

依前項規定，侵害行為如屬故意，法院得因被害人之請求，依侵害情節，酌定損害額以上之賠償。但不得超過已證明損害額之三倍。

◎第14條

法院為審理營業秘密訴訟案件，得設立專業法庭或指定專人辦理。當事人提出之攻擊或防禦方法涉及營業秘密，經當事人聲請，法院認為適當者，得不公開審判或限制閱覽訴訟資料。

◎第15條

外國人所屬之國家與中華民國如無相互保護營業秘密之條約或協定，或依其本國法令對中華民國國民之營業秘密不予保護者，其營業秘密得不予保護。

◎第16條

本法自公布日施行。

備忘錄

第五章

SOHO族的財務行政

第一節 資金，哪裡來？

「人類因夢想而偉大」，追求理想固然是件美事，但現實生活的殘酷也是不可否認的。錢雖非萬能，卻能有助於基本生活，若連基本生存都無力維持，那麼理想更是空談了。俗話說的好：「一文錢逼死英雄好漢」，沒錢縱使有能力也是徒然！因此當你考慮加入SOHO行列之時，應評估「理想」與「麵包」兩者之間孰重孰輕？

你曾考慮過一旦離開傳統上班模式，可能會失去企業或公司組織的依靠，未來的日子都得靠自己單打獨鬥，同時缺少原本每月的固定薪資，而甚至往後的幾個月或是一年的收入將處於不穩定的狀態中，面對這樣的問題，你該如何解決呢？

由此可知「錢」也是重要課題之一，本節將告訴你成為SOHO族之前，應準備那些基本費用，以及創業資金要從何而來？

事先預留基本費用

從事文字SOHO的工作並不是筆者預料中的計畫，原本只想當作是更換工作的過渡期，因此沒有太多想法就一股腦兒栽了進去，更不用談什麼

長期性的規劃了。當時，只想到有工作做，還怕沒錢領嗎！加上工作型態自由自在，日子過的還算愜意，也就不怎麼在意它。

事實上，工作確實也不曾間斷過，照說應該收入不貲才是，但問題出現了：經過了半年仍然沒有一筆稿費進入戶頭，而支出的費用卻不斷地產生，加上平時積蓄就不多，用度便陷入一陣苦戰中，最後甚至還要以借錢度日，實在苦不堪言。

以上的教訓說明了預留金的重要，它讓你在工作上向前衝時，仍不必為生活所苦惱，預留金可分為以下幾種：

一、生活費

也就是預留維持基本生活的費用，實際的金額數目因人而異，不過最好能預留六個月以上的生活費。而單身與已婚SOHO也有所不同，前者只需養活自己即可，後者必須負擔家人生計，所以在金額數目上最好詳細斟酌清楚。

網路SOHO族MIGI的計算方式可提供作為參考，即是將過去每月的定薪作為基礎，將每月薪水乘上預計回收期（六個月）所得的數額作為預留金。所以即使短期間沒有收入，她在經濟上仍保有上班族之安定，不必擔心有降低生活水準之慮。

二、基本設備費用

除了生活費以外，工作時所需要的基本設備費用也是不可忽略。而基本設備可分為硬體、軟體等，這些都需要經費去採購與維護。

費用的高低也因工作性質而有所不同，以攝影SOHO為例，所需要的攝影器材、攝影棚、佈景以及攝影耗材等，加總起來數額動輒數十萬元；相對地，文字SOHO就簡單多了，只需一部電腦與其週邊配備，頂多五、六萬元即可。所以你應該列出即將從事工作所需的設備明細表，估計可能需要花費的數額。

當然，儘可能運用原有的設備與器材，如此一來，可以節省這方面的經費，直到業務與收入穩定後再添購更好的設備。

三、急救金

人常道：「天有不測風雲」，於是應該預估風險、防患未然，每個月另存一筆固定的金額作為急救之用，以備不時之需。

四、學習費

如果你有進修、充電學習的計畫，可以考慮預先準備好學習的費

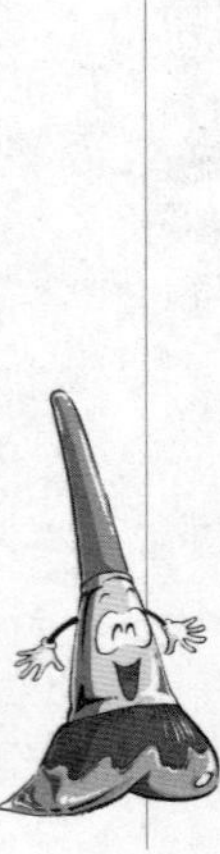

用。不過實在短期間沒有餘裕，就等待收入穩定時再計議吧！

資金的來源

資金是SOHO族創業與維持工作的磐石，而SOHO族的資金來源可分為下列幾種：

一、本身既有的積蓄

這是大部分SOHO族最主要的資金來源。通常上幾年的班，身邊總會有些儲蓄，不管是定存、活儲、會錢、股票、基金等，都是資金的來源。

二、親朋好友

另一個資金來源就是向親朋好友借錢，除了常是無息或低利率的貸款好處，方式也比較方便、無須繁瑣的手續，只怕因錢財問題而傷感情。

三、銀行的消費性貸款

近年來，多數銀行都極力推展「消費性貸款」的業務，金額從十五至一百萬元不等，多不需提出任何的擔保品，不過這種貸款的利息稍微高了一些。對於SOHO族較不利的一點是必須提出薪資證明，且信用良好、有穩定的工作，所以在貸款之前，建議先自行計算個人信用評等有多少分？

清楚知道自己的弱勢與優點為何？增加核准貸款的可能性。

四、政府提供的創業貸款

政府機構針對不同身分、條件的人，提供不同的創業貸款方案，額度較高與利息低，也是你尋求資金的管道之一。以下特為表格提供參考(見150頁創業貸款參考表)

多一分準備，多一分把握，事先釐清財務問題，擁有穩定的經濟，才能讓你的SOHO生活更優游自在。

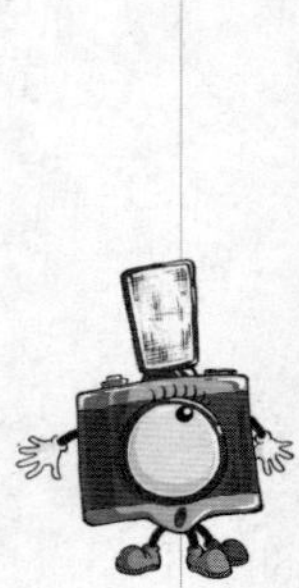

進入SOHO之門

備忘錄

第二節 SOHO族理財術

人的一生，隨時在面對機會和選擇，當你面臨教育、事業、家庭、生活方式、財務情況等問題作一取捨，所有的決定都將受到個人財務狀況的限制。而對於SOHO族來說，一個單打獨鬥的個體戶，不似在一般企業或政府機構中，有固定薪資與福利津貼，凡事都必須依靠自己確實的規劃。

如果你只是抱著走一步算一步的消極作風，缺少理性且適當的理財規劃並不妥當。其實未事先做好理財計畫的代價很高，尤其是在創業之初，收入不穩定，若未適時地妥善安排，很容易就會面臨斷炊的問題，沒有適當的預防，常會導致措手不及，影響了你的人生目標、生活水準。因此透過理性的安排與規劃個人理財計畫，可以使你與家庭保有安逸的生活。

那麼SOHO族應該如何規劃自己的理財大計呢？

1.釐清個人財務問題。
2.設定財務計畫與目標。
3.編列預算達成目標。

本節將針對這三方面一一解釋與說明，提供你在規劃財務時的參考。

釐清個人財務問題

你知道自己有多少本錢嗎？在銀行戶頭裡有多少數目？可以自由運用的數額有多少？必須固定支出的金額？如果根本不清楚自己究竟有多少資本，就盲目地投入SOHO的行列，當發生財務問題時，就只好到處找人、找錢補破洞了，甚至更嚴重的會釀成財務危機，一發不可收拾。

SOHO族將會面對的財務問題可分為下列幾種：

1. 正確且清楚的收支預算。
2. 儲蓄和借貸。
3. 風險管理。
4. 投資理財。
5. 退休規劃。
6. 節稅問題。

當要開始面對自己的財務問題時，必須先清楚目前的財務狀況，而財務報表則是可以反映經濟現況的工具，有了財務報表作為指標，才能規劃出符合自己需要且能力可及的各種財務計畫。藉由財務報表的呈現，能清楚知道自己擁有多少財富、現金、存款、股票、基金或是保險等。

會計上有許多財務報表，但以「資產負債表」、「損益表」兩種報表，最適合SOHO族的財務管理。

一、資產負債表

所謂的「資產負債表」有兩個主要因子，一個是「資產」；另一個則是「負債」，將資產減去負債所得出的淨值，才是你擁有的財富淨值。

「資產」表示你所擁有的一切財富項目，通常指有形的、且須獲得所有權的財富而言，因此，租賃不算在內。

可將資產再分為兩大類：「金融性資產」、「實質資產」，前者通常是指可變現且其價值又不會因此減少的財務，包括現金、儲蓄存款、投資及借出款項等項目。而實質資產則指為使用性或服務性而購買，包括不動產、汽車、衣物、家具、珠寶等。

所以當你在列舉資產項目之時，請記住下列要點：

1.所有資產的價值皆應以正常、公平市價計算之。

2.須擁有所有權的資產才能算在內。

3.尚未付清之資產款項，亦包括在內。

其次「負債」，則是指日後需要償還的債務，譬如帳單、分期付款、貸款或是其他借款。記住一點！只要在列表日期之前所產生尚未付清的費用即算在內。

「淨值」就是實際擁有的財富，而淨值則是資產與負債相減的結果。假若淨值小於零，則代表負債超過資產，意指財務出現問題。因此促使淨值增加則是規劃財務計畫的重要課題，淨值越高，表示實質財富越多。

資產負債表的一項重要特質，是表格左右兩邊總數一定相同，即「資產」和「負債與淨值」一定要相等。(見152頁資產負債表基本範例)

二、損益表

所謂的「損益表」則是財產進出的依據，也就是經過一段時間(如一年)後各項財務行為的紀錄，呈現出財務的流向與數額。「損益表」通常是由收入、費用及餘額三要素組成。請注意一點！在編列收入和費用時，只有得到的收入和已經支付的費用才能列在損益表內，預期的收入及費用實現性較低，未成為實際收支時不必編列進去。

一般收入的項目較為單純，而費用就比較零碎些，對於SOHO族而言，收入的穩定度稍嫌不足，因此每一筆收入都應該詳細紀錄，盡可能讓收入維持穩定的進帳，才不會使得損益表波動過大，而影響財務計畫的實踐。(見152頁損益基本範例)

設定財務計畫與目標

你每天都埋頭苦幹的賺錢嗎?汲汲營營的工作在經濟上卻仍嫌不足嗎?當你走入SOHO族時,財務規劃與事業規劃一樣佔極重要的地位,兩者相輔相成,財務規劃是穩定的磐石,而事業規劃則是前進的主要動力。由此可知,良好的財務規劃可以穩固SOHO生涯的基礎。

財務計畫的第一步即是設定財務目標,財務計畫讓人確立理性的目標、明確的方向。可將計畫分為長期與短期兩種,長期財務目標是指從現在到退休所欲達成的目標,短期財務目標則著重未來一兩年間打算完成的事務。

一、長期性的財務目標

在設立長期目標時,請記住!由於實踐期通常長達三十年之久,而世事變化極大,計畫最好是富有彈性,並具試驗性質,可隨著時間與環境的變遷來逐步修正,為了避免無法達成原定的目標,請考慮下列幾個原則:

1. 目標必須要能隨家中成員的變更及年齡變化做調整。
2. 分期設定目標,也就是再細分不同階段來設立目標。

3.隨著時間的改變，應該適時的修正，使其更具有實用性與時效性。

二、短期性的財務目標

定好長期財務目標之後，接著則是考慮未來一年欲達成的短期目標。是否能夠有效地實現每個短期目標，將會影響完成長期目標的可能性。

當你在設定短期目標時，請注意下列的原則：

1.可參考年度的「資產負債表」及「損益表」。根據此二表，可預估下一年度所需的花費、及設定可及的目標。

2.保留一筆款項作為緊急用的基金，以防不時之需。建議金額約六個月的生活費。

3.收入有限，請衡量各項預定目標的重要性，依序先後完成。

編列預算達成目標

清楚自己的財務情形、及設立好財務目標，接著就是執行與實踐的步驟了。編列預算則是達成目標最佳的控制執行步驟。其目的在輔助你的收支費用與理財計畫兩者互相配合的控制策略。如果將收支項目分割太細碎，會讓人感到煩厭而增加負擔，造成因複雜而執行不易。

編列之前，第一個步驟是估計總

收入。其方法即是紀錄收入與支出的數額，這些紀錄可以幫助你決定基本支出項目的預算額應為多少，同時也可證實收支是否有遵守預算進行，如支票票根、帳單、收據、發票等，皆是了解支出情況的最好來源。

至於如何紀錄財務呢？其方式可依自己的習慣紀錄，大致上可分為：「分類法」、「時間紀錄法」。前者就是將同類的收入、支出分別紀錄。而後者即是按照時間的先後順序存檔的紀錄法，其好處在於要找出某時間的收支時比較方便，卻不容易清楚每一類別的收支數額為多少。

想要找出適合自己的紀錄保存系統，必須注意下列原則：

1.確定好一種紀錄計畫之後，不要隨意更改。

2.選擇適當的消費紀錄保存，且保存的地點固定。

3.成敗關鍵決定於計畫的執行與控制。

第二個步驟則是估計總費用，也就是未來一年的必要收支及短期目標的花費。可利用預算表來評估執行結果與成效。(見１５２頁預算表)

SOHO族的風險管理

「天有不測風雲，人有旦夕禍福」，如果有些意外難測的事故發生，SOHO族該如何保障自己及家人的幸福呢？因此，需要做好風險管理，所謂的「風險管理」就是經由對風險的認識與衡量之後，選擇一種能達到最大安全的效用。

若想要控制風險的威脅到最低限度，下列三個過程是必須注意的原則：

1. 風險存在的認知。為避免財務管理的疏忽，我們必須認清各項風險的存在與發生損失的可能性，例如人身危險、財產損失、責任危險等。
2. 適當的衡量危險性。想清楚各種危險發生後，你可能遭受的損失情形，及損失造成財務影響的程度，如客户拖帳、支票跳票等。
3. 針對各種風險所做的措施，對於日後財務上的安全性有重大的影響。建議你，不要冒著超出你所能容忍損失的風險，還是需視財務狀況而定。

管理風險的方式，除了可以固定儲備緊急用金之外，購買保險也是方法之一，不過保險的選擇仍因人而異。只要掌握下列基本原則，再加上財務與家庭的狀況作一評估，選擇適合自己的保險項目。

購買保險應注意的原則：

1.以可能發生的危險中影響最嚴重的事項作為投保項目。

2.不要投保可能發生但影響極小的損失。

3.盡可能選擇涵蓋較廣的保險，單一的保險項目總有些不划算。

4.盡可能避免危險的產生，增加自己的警覺性。

5.盡量問清楚保險的相關項目。

投資、節稅、退休

除了業務的收入之外，投資也是增加收入的方式之一，不過投資的風險程度較大，且需要有敏銳的金融嗅覺，因此當你想到選擇投資增加財源，最好是審慎評估各方面的成熟度。投資範圍不外乎不動產、股票、黃金、期貨，或是基金等，SOHO族應以需要來選擇適合的投資標的。

節稅亦是節流的方式，在合法的範圍下，節省稅務的數額以減輕稅務的負擔，在節稅時請掌握下列事項：

1.可列支的費用、損失或扣除額，應充分列計。

2.注意各項租稅的減免、設法降低累進稅率。

3.可以利用賦稅得以「延期」的規

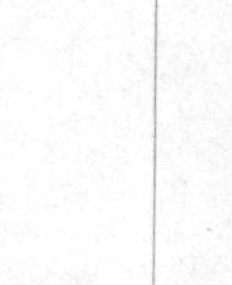

定，這筆延期的稅款可視為向政府支借的無息貸款。

4.審慎選擇申報的方式與項目，以需繳稅賦較低的方法申報。

5.盡可能將工作與私人兩用的物品申報為執行事務需用品。

如果想要長期從事SOHO的工作方式，就必須規劃好未來退休的準備，使你在退休之後的生活仍是無憂無慮，這就是SOHO族的長期性財務目標之一。究竟你給自己的退休金是多少呢？可以依現在每年的生活費，乘上估計退休後仍會存活的年數，再以每年的物價指數加以調整之。例如小明現年三十歲，預計六十歲退休，六十歲之後他估計仍需活二十年，而目前每年需要二十五萬的生活費，則需為自己儲存五百萬元的退休金，因此，折算後每月則需預存一萬三千八百元，才能讓退休後的生活無後顧之憂。當然生活費用會依物價指數而有所變動，可以每年再作調整即可。

掌握財務的現狀

當你規劃適合自己的財務計畫，在執行之際也要隨時掌握狀況，時時留意變動的情形，提供一些需要注意的觀察事項：

一、應隨時追蹤的項目

包含所擁有的銀行存款、帳戶餘額以及每項工作的紀錄，記錄的項目如下：

1.應收帳款：客戶應付的費用。

2.應付帳款：應該支付的開銷。

3.存貨：紀錄庫存品的數量及種類。

二、選擇適合你的會計制度：

1.隨時掌握你的財務狀況。

2.紀錄金錢的流向是否符合預算。

3.了解每一個營業項目的獲利情形。

4.方法十分簡單，隨時可以做出所需的財務報表。

5.採用合法的節稅方式。

三、盡快收回應收款項

一手交錢，一手交貨是最理想的交易方式，卻非經常能夠如願，該如何收到帳款呢？以下提供SOHO族盡快讓錢入帳的重點：

1.與客戶協議先收取訂金、部分帳款或分期付款。

2.收取信用卡刷單，代替賒帳。

3.清楚地訂明付款條件與方式。

4.交貨或提供服務完成立即請款，不必等到月底才結帳。

5.到期的帳款立即催收。

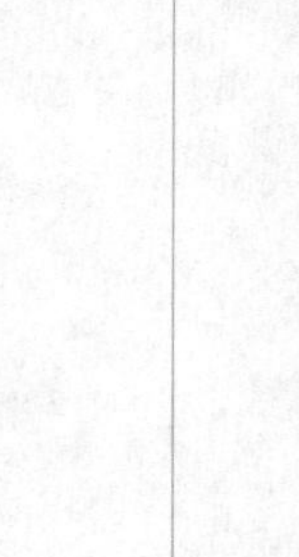

四、保留財務的實力

在盡快收回「應收帳款」時，向供應商爭取最優惠的交易條件，譬如：盡可能爭取延長付款期限、使用簽帳卡、租用設備、在期限內付清帳款即可等，毋須太早付款；降低成本，不要囤積過多的器材用品。

五、維持穩定的收入

1.維持一定數目的現金收入

2.掌握收入與支出。把所有的支出項目及預期收入，都安排在每個月的月初，並分別紀錄到期日。養成這種習慣將使你受益無窮，你可以隨時掌握財務狀況，並及時採取因應措施，如延緩付帳的時間，或是增加收入，同時可以知道有誰拖欠帳款。

3.創造不同的收入來源。「不要將雞蛋放在同一個籃子裡」，這是SOHO族應清楚的原則，你應爭取多方面的收入，不過，當你在選擇其他收入來源時，最好所從事的工作都具有相關性，並且能有相輔相成的效果。

4.不斷地提升專業技巧。多開發新創意與產品，不可墨守成規，僅提供同一專業與技術的服務易使業務逐漸下降。

5.善用人脈。與同業、客户保持聯

絡，參與專業組織及活動，掌握最新的市場趨勢及發展。請不要忽略競爭對手，因為在他們忙得不可開交時，就是你獲得合作機會之時。

6.記住，主動出擊，就能掌握情況。

六、管理金錢的秘訣

1.個人與公司的財務分開。使用不同的銀行帳戶，收據及帳簿分開存放。

2.把所有的帳冊、憑證、設備、用品都放在一起。

3.在固定的時間及日期處理帳務。

4.養成拿到收據及帳單，立即分類存放的習慣。

5.進出貨隨時做好庫存紀錄。

如果你的事業規模較小，可以自行管理財務，本節所介紹的方式可作為參考，但若業務成長到一定程度時，就需要請專家替你記帳與整理財務。其因素在於：

1.請人記帳，為自己節省時間去開拓業務賺更多錢。

2.有登記的工作室或創業SOHO，必須配合政府的法令規定申報營業稅。

3.當你必須花在整理帳目的時間過長，就讓會計師幫你代勞。

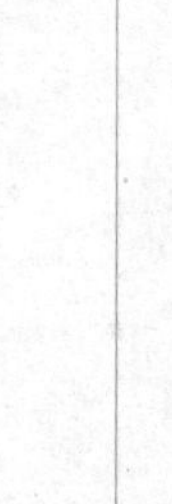

4.為自己做好理財的規劃。即使有專人或是會計事務所協助管理，你仍有責任提供憑證、定期評估財務狀況。

多數的SOHO族經常會忽略掉理財的重要，有人認為理財規劃十分複雜、瑣碎，甚至認為自己缺乏理財的那根筋，事實上，理財規劃並不太難，只要掌握理財的基本原則，也就是「開源節流」，而且清楚自己的財務收入狀況，那麼就八九不離十了。

【創業貸款參考表】

貸款承辦機構	貸款計劃名稱	適用對象	貸款額度	相關規定	網址
行政院青輔會	青年創業貸款	1.中華民國國民，且國內設戶籍者。 2.二十三至四十五歲 3.所擬創辦事業二年以上之工作經驗或四年以上之工作經驗。	1.從事農工生產事業者，每人最高貸款額為新台幣四百萬元。 2.從事服務業者，每人最高貸款額為新台幣二百萬元。 3.無擔保貸款最高以新台幣六十萬元為限。 4.二人以上共同經營同一事業，申請人數最多以十人為限，貸款總額最高新台幣一千二百萬元。	1.申請人必須填具創業申請書接受審查。 2.利率：臺灣銀行基本放款利率九成為準。	www.nyc.gov.tw
行政院農業推廣委員會	農村青年創業貸款	1.十八至四十歲 2.農漁業院校畢業 3.受縣市級以上農業機關、學校、農、漁會舉辦之一週以上與貸款用途相關之農業專業訓練。 4.從事農業經營有傑出表現，經縣市級以上政府機關表揚（貸款用途須與上述表揚內容相關）	貸款額度：每人本貸款總餘額最高為新台幣六百萬元。	利率：由中央銀行農業金融策劃委員會核定。	www.amis.gov.tw

台灣省政府	職業訓練結訓學員創業貸款	1.二十至五十五歲。 2.參加各級政府所舉辦之職業訓練或公設職業訓練機關等單位，接受四百八十小時(原住民及殘障者四百小時)以上之訓練領有結訓證書者，但以持有技術士證者優先。 3.前項受訓學員結訓後，經就業滿一年，志願自行創業者。	1.每一貸款人最高申請額度為新台幣一百萬元，其中無擔保放款以新台幣四十萬元為限。 2.同一事業由二人以上合夥經營者，最高得由五人同時申請貸款，總額度不得超過二百五十萬元。 3.前項申請人為原住民或殘障者得提高申請額度二成。	臺灣銀行基本放[illegible]款利率計算	www.[illegible]abor.gov.tw
台北市政府	身心障礙者創業協助之創業貸款利息貼補	1.設籍本市半年以上並領有核發之殘障(身心障礙)手冊。 2.二十至五十五歲。 3.新創業或以創業未滿六個月。 4.經銀行核准創業貸款者。 5.未獲相關創業資金協助者。	第一年可貼補利息之貸款金額最高以六十萬元為限，貼補金額逐年遞減。		www.taipei.gov.tw
台北市政府原住民事務委員會	創業貸款利息補貼	1.設籍台北市六個月以上的原住民。 2.新創業或是已創業未滿三年，目前未申領其他創業貸款者。	貼補利息之貸款全額第一年最高以新台幣一百萬元。	貸款利息貼補最長以六年為限。	www.native.taipei.gov.tw

【資產負債表的基本範例】

資產負債表

日期：1998/11/28

資產	負債	淨值
金融性資產	・帳單	
・現金	(信用卡、水電、電話費等)	總資產(1)=A+B
・儲蓄	・分期付款	
・保險現值	(汽車、家電等)	總負債(2)
・投資	・借入款項	
・借出款項	(如死會、向親友的借款等)	(1)−(2)=財產的淨值
・其他	・金融機構的貸款	
總計：A	(如房屋貸款)	
	・其他	
實質資產	(列表前未付清的帳款)	
・不動產	總計：＿＿＿	
・汽車		
・家電用品		
・個人財產(珠寶、黃金等)		
・其他		
總計：B		

【損益表的基本範例】

損益表

日期：1998/11/28

收入	費用
・應收款項	・房屋(貸款、修理、管理費等)
・股利(股票、基金等)	・一般設備(瓦斯、水電、電話等)
・利息(存款、公債、公司債等)	・飲食方面的費用
・退稅	・汽車相關費用(如貸款、汽油、保險等)
・其他項目的收入	・醫療相關費用
總計：A	・服飾費用
	・稅務
	・家庭其他資產的費用(如家具、設備等)
	・休閒娛樂費(如旅遊、運動、藝術欣賞等)
	・其他
	總計：B

餘額=A−B

【預算表】

月份	一月		二月		三月		四月		～～～		總計	
項目	預估	實際	預估	實際	預估	實際	預估	實際				
收入												
支出												
共計												

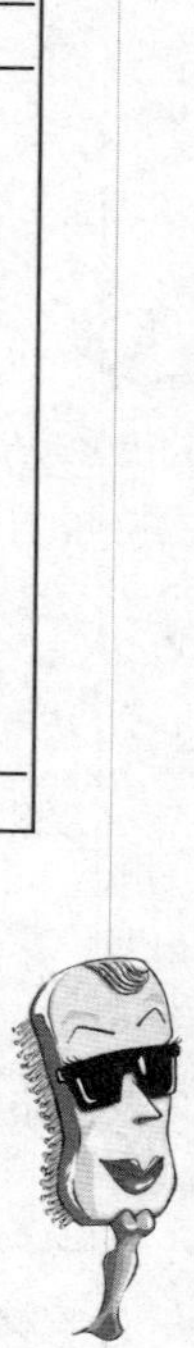

第六章

SOHO族的辦公空間規劃

第一節 規劃愉悅的工作環境

輕柔地音樂流洩在空氣中，壁上掛著莫內「睡蓮」的複製畫，花瓶中插著飄散淡淡香味的百合，在工作告一段落之餘，悠閒地喝杯熱茶，凝望著街道上忙碌的人群。

如此這般閒逸自在的氣氛，相較於傳統辦公室裡的吵雜、無形的工作壓力，在舒適、愉悅的工作環境中，不僅工作的心情好，也有助益於工作效率的增加。其實，辦公的環境與氣氛對於工作者的情緒與效率有極大的影響力，所以，規劃一個合適的工作環境也是不忽視的環節之一。

由於SOHO族有著「在家辦公」的特質，對於辦公環境的型態可以自我掌控，也就是說可以根據個人的品味，設計具有個人風格的辦公環境，藉以擺脫傳統辦公室中單調且刻板的印象，讓工作更加自在有效率。

在著手設計工作空間時，除了要考量工作愉悅的氣氛外，也要配合工作性質的需要及經費問題。建議先從自我評估下手，了解既有的資源，最後再以自己的風格與習慣去擺設，本節將提供一些有關工作環境的建議與原則性。

工作現狀自我檢查

俗話說的好：「知己知彼、百戰百勝」因此在規劃工作環境之前，應先進行一項工作現狀的自我檢查，藉此了解你目前的工作現狀與問題。而自我檢查表可以分為三部分：調查自己的工作習慣、經費以及現有資源。

一、調查自己平日的工作習慣

要了解自己的工作習慣方式，可以一星期的時間作標準，紀錄每天工作事項，譬如每日在辦公室的時間有多少？花多少時間打電話？完成工作的時間？什麼事情讓你延誤工作？需要的物品常找不到嗎？越仔細越好，不要輕忽小細節。

二、可以提撥多少經費？

經費的多寡是配置工作環境的要點，如果經費較少以致可發揮的地方不多，應盡可能利用既有的設備，如果經費寬裕的話，當然可以增加的地方就多了，因此要估計可以運用在設備上的經費有多少。

三、估計現有的設備與資源

即使經費不成問題，也應該適當運用現有的資源，未進帳前還是不要隨意浪費經費，節省經費的第一個步驟就是調查目前既有的設備，並且列出自己工作所需要的設備，在兩相比較之間，補足缺少的設備即可，無須每一項設備都更新。

總而言之，自我檢查的細目越詳細清楚越好，只要有關經費、地點以及擺設等相關細節都要一一紀錄下來，便於規劃時作為參考依據。了解自己的工作內容狀況，並且紀錄日常生活的情況，及紀錄自己需要的物品、問題、障礙，以清楚自己的本錢與需求。

凝造專心工作的氣氛

事實上，規劃工作環境的主要目的，是為了凝造出使人專心工作的氣氛，增強工作效率與產能，實際工作空間的大小並非要點。所以無論是典雅的套房，甚至是家中的一角都是可以是考慮的地點。

初入SOHO族行列之際，在經費方面要仔細盤算，可利用家裡的空間、或挪出一間專屬房間作為工作地點都是不錯的，除了可以節省租賃的費用，運用既有的設備之外，更可以就近照料家人。

若你與家人、配偶同住，與家人的事前溝通便顯得重要了，畢竟佔用

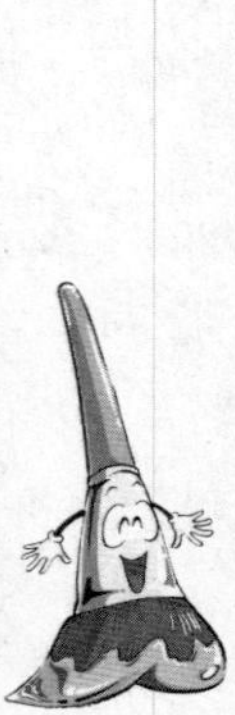

家中空間多少會造成其他家人的不便，最好先讓家人清楚工作狀況，千萬不要讓工作擾亂了家庭安寧。

假若你是單身SOHO族又一人獨住，也要規劃出工作的場所，不然工作的物品與文件就會像遊牧民族般到處氾濫，不僅造成雜亂有礙瞻觀，倘若因此找不到文件就得不償失了。

規劃辦公室的基本原則

SOHO族在規劃個人辦公室時，必須考慮的因素除了經費、工作性質需要之外，個人的風格、喜好也是影響因素之一，應綜合各項相關要素去組合、調配成為自己的味道。在此提供一些基本原則，以方便在選擇、規劃工作環境作為依據。

一、選擇光線充足、明亮的位置

光線明亮的地方容易使人精神奕奕，因此選擇工作環境的首要條件就是採光要好，最好能有一扇對外的窗户，因一個人獨自工作時，總是會比較孤單，假若又處於密閉的空間更容易令人心緒鬱悶。

照明的選擇要以不傷眼為原則。譬如工作燈不能放在電腦螢幕前，因為會產生反光；而大燈最好能照亮整個房間，以從天花板反射下來為佳。

假設實在沒有自然光線較好的位

置，那就請你不要吝於多開一盞燈，讓室內的光線保持明亮，因為室內過於陰暗對視力的影響頗大。

二、選擇空氣流通的地方

一個密不通風的辦公室容易讓人昏昏欲睡，因此工作場所最好是空氣流通的地方，你可以利用電風扇、開窗戶作為輔助，讓室內經常有新鮮的空氣流動著。

三、免於他人打擾的獨立工作空間

在家中你可以選擇另闢一個空間作為辦公地點，或是選擇屋裡的一角，當你在設定某一個位置做為辦公使用時，最好注意是否容易被家人所干擾。

工作時最怕不停地被打斷，所以排除外界無謂的干擾，擁有隱私感與安心工作的氣氛是必須的，不然，容易被電視分心、或是與家人閒聊，進而耽誤公事。

除此之外，還有個方式就是向家人宣告「工作中」，可以使家人尊重你的工作，而不至於認為你的工作似乎很簡單，而經常打擾你、或請你幫忙做一些瑣事。

四、盡可能遠離廚房、客廳

千萬不要考驗自己的自制力，盡可能遠離吵雜環境的位置，記住！任何外界的打擾都會分散工作的注意力，降低工作的品質與效率。

整潔的辦公室讓工作更有效率

一個舒適的辦公場所，如果無法保持整齊、清潔，容易讓人有不專業的感覺，也使得工作效率降低，常常會找不到需要的物品，沒有人喜歡在垃圾堆中工作嘛！物品的擺設當然也是重點，除了取用方便之外，美觀、整齊也是必要的。讓房間保持整潔，不要有雜亂之感，快將房間的老舊雜物清除乾淨。擺設時須注意幾個要項：

1.資料櫃或書櫃的擺設要整齊。

2.把不是每天要用物品收起來。

3.文具放置在取用方便之處。

4.養成物歸原處的習慣。

愉悦舒適的工作環境，讓人精神平靜、情緒穩定，對於提升工作效率也有相對的作用，尤其SOHO族必須長時間待在自己的辦公室工作，若有一個舒適的工作環境，才能讓工作中的你更安然自在。

第二節 SOHO族的基本配備

腰際佩帶呼叫器，左手提著裝有筆記型電腦的公事包，右手拿著行動電話在與客戶對話，竹生他總是懂得掌握所有的訊息，善用尖端科技工具去輔助工作。沒錯！「工欲善其事，必先利其器」，沒有適合的工具，就猶如失去畫筆的畫家，焉能創作出曠世鉅作呢？

若將SOHO族所需要的基本設備一一列出來，大致可將其區分為通訊設備、電腦及其周邊設備兩大部分。

通訊設備包括一般電話、行動電話(俗稱大哥大)、傳真機、呼叫器。這些器材最主要的功能讓SOHO族能隨時隨地掌握業務、客戶的動態，不至於因為時間、空間的阻隔而遺漏資訊。而電腦與其周邊設備則是包括電腦、印表機、數據機、光碟機、掃描機等等，主要是協助處理、進行工作方面的工具。

電話

自從電話發明之後，它縮短了人際之間的距離，使得相距遙遠的人卻又如此近在咫尺，電話除了提供便捷

的通訊管道，也是商務之間的最佳工具。因此，電話儼然成為SOHO族對外聯絡不可或缺的工具之一。

對於SOHO族而言，電話雖可以擴展業務、作為人際溝通的工具，不過也可能造成家庭上的不便。客户可能不定時打電話來，因此，對於業務量較大的SOHO族，建議你多申請一線以上專用電話、或是以分機的方式，以區隔工作與私人生活。

將電話分為家用與業務使用，其好處在於可以保護自己的隱私權，使得自己與家人不會因為工作業務受打擾，同時也避免專業形象降低，因為若被小孩子接到了，難免影響到客户的想法。以下建議電話選購時的注意事項：

1.是否有免持聽筒裝置。

它的好處在於不必用手持話筒，而且可以讓對方聲音擴音，如果需要讓其他人聽到對話內容，這個功能就是必要的。

2.內附答錄機的功能。

3.是否可以快速撥號、重複撥號、插撥、保留等功能。

你也可以選購高品質的無線電話，以便於在與客户交談時仍能游走於家中四處，辦理其他的事情，不會被困於辦公桌前動彈不得。

電話答錄機

當你不在家、無法分身接電話時，答錄機就是最妥當的電話秘書，由它替你接聽電話、同時還能留下對方的信息。

因此選購電話答錄機時，應注意下列功能與原則：

1.是否有外面遙控開啓與關閉功能。

2.是否具有由外面打電話收聽留言的功能。

3.答錄機內的錄音時間長短是否足夠？如果長時間不在家時，就不怕錄音帶的長度不夠。

當你在製作答錄機中錄音時，需讓自己的聲音清楚、明亮，並且報出自己的名字或工作室的名稱，正確地傳達你的去處及可以聯絡到的時間，也請對方留下姓名與電話等。

呼叫器

所有業務與雜事都一手包辦的SOHO族，最擔心因事忙碌而漏失重要電話，所以呼叫器就成為SOHO族的必要配備之一，因於它的方便性又加上價格便宜，同時提供的服務也越來越多樣化。

雖然它的即時性略比行動電話遜色，不過，呼叫器沒有收訊不良而斷訊的問題，而且在經費的考量之下，呼叫器也是不錯的配備。

市面上有許多廠商所提供的呼叫器，哪一家才是適合自己？以下提供選購的注意原則：

1.月租費用的考量。

呼叫器主要費用在於月租費，月租費可分為全區及單區，兩者價格不同，大致上價格差距約一至二百元，假若你需要其他服務如金融服務，則必須增加一些費用，價格因廠而異。因此，你必須考慮自己經常出沒的地點情況，是遍及全省、或只是在單純一區，作為判定的標準。

2.傳呼服務項目。

留下電話號碼、留言與聽取留言、雙向對談、勿干擾設定、密碼傳呼、群呼、E-mail呼叫提醒等基本服務項目，依需要做選擇。

3.機型種類。

呼叫器的價格以機型不同也有所差異，依次可分為數字機、中文機及金融機。數字機是傳統型的呼叫器，呈現的型態是數字；而中文機則可以傳送中文字；金融機是每日即時傳送金融訊息。

行動電話(俗稱大哥大)

拜科技發展日新月異之賜，從電話、傳真機、呼叫器到現在的行動電話等更便捷、新穎的通訊工具因應需求而產生，再加上中華電信開放行動電話業務民營化，使得申請大哥大的熱潮越演越烈。

由於行動電話機動性強，可以即時地回應對方，不會漏失重要的電話，隨時隨地掌握訊息。對於業務繁忙、必須經常在外奔波的人來說，行動電話則成為最佳助手。

因此，SOHO族在計畫添購之前，應先評估自己的生活習慣、工作性質是否急需申請一支行動電話，例如業務性質較重的SOHO族，需要經常四處接洽客戶，為了方便聯絡，一支行動電話讓你就像在辦公室；反之，多數時間都在辦公室裡，行動電話的急切度相對較低，所以先了解自己的情況再決定。

當你決定要申請時，請在選購之前考量下列的問題：

一、評估通話品質的良窳

沒有人希望擁有一支老愛斷訊的行動電話，若與客戶接洽事務時突然斷訊，那不是很不專業嗎！因此在選擇系統時應顧慮通話品質。影響通話品質的因素有很多，大多是技術層面的問題，譬如基地台的數目及其建設地點。

或許你認為基地台的數量多就是好，這是錯誤的觀念，其實只要到達適當數目即可；其次，基地台的建設地點也會影響通話品質。除此之外架設的高度、角度、密度等等都是影響因素。當你選購之前應先請教有經驗的朋友，採購時也應細聽業者的解說，了解產品的優劣處。

二、業者提供哪些服務項目

首先你必須清楚使用行動電話的目的、地點與最常的用途。如果需要全省奔波、或是前往國外接洽業務時，建議你選擇GSM900系統的電話，因為目前採用GSM900系統的國家較多，所以可使用的範圍較廣。

一般的行動電話業者除了基本的語音服務項目之外，也有其他的加值服務，例如行動數據通訊、傳真業務、簡訊服務、語音信箱、多方通話、指定轉接等等，你可以挑選適合自己工作性質的服務，不過請注意大多數服務都另外計費。

三、清楚費用的計算方式

行動電話的費用可分為通話費及月租費，通話費是依照通話比率來計算費用，通常比電話高出許多，因此就通話費率方面來說，SOHO族需考量自己的話務量決定費率的組合方式。如果經常使用行動電話對外聯絡，應該採用高使用量套裝計費組合的型態，如果只是作為緊急聯絡使用，應該使用基本使用型的計費方式。

針對月租費的問題也是需考量的部分，針對使用頻率低者來說，繳交月租費似乎有些划不來，不過，最近有一種插卡式，免繳月租費，適合偶而才使用的人。

傳真機

電話中的承諾有如風中的話，而傳真機讓空口白話變成有憑有據，遠比電話交談更為具體、真切，在效果上也比電話更能引對方注意。傳真機具有傳送、接收文件和資料的功能，毋庸親自跑一趟就可以將資料傳達，也節省許多的時間。

假若能在商談業務之前，將會談的內容預先以傳真送至對方，內容的書寫必定要條理分明充分地表達意思。譬如一些記者在採訪之前，多會先傳真採訪大綱給即將受訪的對象，清楚地讓受訪者了解目的與內容，除了促使約訪較易成功之外，也使得採訪時較為順利。

傳真機的種類大致可分為「感熱紙傳真機」、「一般用紙的傳真機」。（見179頁傳真機功能表）

挑選傳真機應注意哪些問題？偉大科技董事長張福賢表示：「SOHO族在挑選傳真機時，應比較其品質、價格、設計與功能以及維修方便等各項因素。」建議你在選購時，應謹慎評估下列因素：

1.文件的保存品質。

不同的傳真機類型的特色也各異，因此，在選擇之前你必須考慮文件的重要性，假若大多數的文件都需要長期保存或歸檔，最好是選擇一般用紙的傳真機，因為感熱紙上的字跡較容易脫落，時間一久就會消失。

如果你已經選擇了感熱紙的傳真機，為了長久保存文件，最好將你收到的任何傳真文件立即影印存底。

2.傳真機的解析度。

收到清晰的傳真，或是一團黑的紙，給予客户的印象就不一樣，而傳真品質的關鍵在於「解析度」，傳真機的解析度越高，傳真的清晰度越好。

你依工作性質去挑選解析度高低，如果大多僅是簡單的資料或文件，加上經費的考量下，選擇解析度較低即可；但從事美術設計、排版等工作者，經常要傳送完稿、圖樣，則必須考慮解析度高的傳真機，才不至於讓客戶看見一團黑的無法辨識的傳真稿。

3.影印的功能。

目前的傳真機多附有影印文件的功能，可以節省SOHO族在影印文件的不便與費用。

4.儲存接收。

這個功能就是當傳真機沒紙時，可以自動儲存傳送來的資料，當你裝上紙張後即可送出文件。

5.可傳真的紙張尺寸。

選擇傳真機傳送的紙張大小，可分為B4與A4兩種，可依照工作性質的需要做考量點。例如B4因為尺寸較大，適合傳送設計圖樣。

6.功能服務項目。

SOHO族應針對自己的需求，在選購時向售貨員仔細問清楚，例如快速撥號、重覆撥號、遙控接收等都是可以列入考慮的服務功能。

7.價格上的考量。

SOHO族在創業之初，通常在經費上比較拮据些，因此價格也成為考量的重點之一，如何選擇「俗擱大碗」的傳真機呢？貨比三家是一門學問，同一廠商的產品在不同賣點價格多少

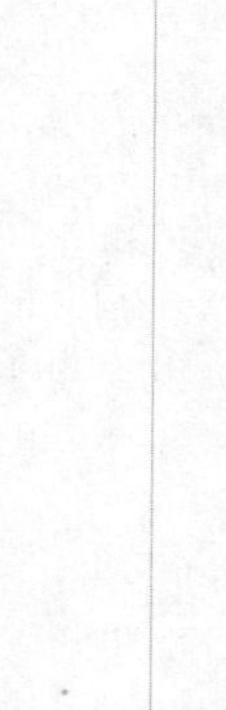

都有差異。資訊賣場、光華商場、電腦專賣店等，均事你可以走訪比價的商場。

8.售後服務。

傳真機廠商通常會提供一年的保固期，當傳真機發生問題時，如果求救無門就不好了，因此，當你選擇某廠牌的傳真機，也要比較售後服務，不要讓你的傳真機變成孤兒。

由於SOHO族群人口逐漸地增加，許多科技公司不斷地研發新型傳真機，將多種功能集於一身，譬如四機一體、五機一體等新品，它們結合了傳真、影印、電話、答錄機、數據機功能等等，¶h可依自己的工作性質，選擇自己適合的傳真機。

電腦

由於科技發展一日千里，電腦已然成為工作上最方便的幫手。SOHO族在採購電腦設備時，應該要考慮哪些問題？需要什麼系統？預算多少？其實，你自己心裡應有所盤算，以下提供一些採購前應注意的課題，以及選購時要留意的細節。

採購前應注意的課題

一、把要電腦所做的工作列出來

就是在採購之前須清楚了解一件

事，你究竟要電腦做哪些工作？是單純的文書處理、資料存檔、客户管理、財務處理或是繪畫功能？所謂「對症下藥」，你自己都不知道要些什麼，會讓銷售員獅子大開口多花冤枉錢，最怕是買回家卻不適用才氣呢！

二、翻閱相關電腦雜誌或書籍

市面上有許多不錯的電腦雜誌，採購前先看看有哪些產品與功能，以及經過測試後的評價如何，事先做些功課能幫你購得合意適用的電腦，也免得上當受騙。

三、請教懂電腦的朋友

有人可商量總比自己煩惱好，所以如果有懂電腦的朋友，請他給你建議，或是邀請他一起陪同前往採購。

選購時應留意的細節

一、多跑幾家不吃虧

不吃虧最好的方式就是貨比三家以上，到每家商店時，聽聽業者對自己產品特色的評價，如果推薦和你不謀而合，可請他解說有哪些你不知道的特性。但須注意！假日人潮較多，若希望得到較完整的服務，最好避開

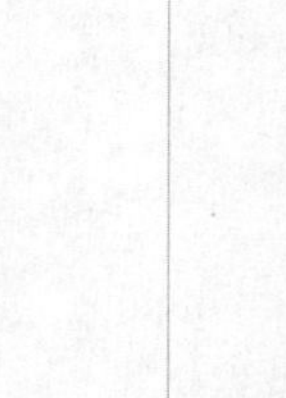

人潮，如此你才可能詳細問清楚。

你也可以將上一家的缺點或優點作為下一家的問題，比較不同店家對於同一種產品的看法，這樣經過幾家的比較之後，你對這項產品的瞭解自然也會越來越深，等到你對於該項產品有一定的認識，再決定是否購買。

二、確認所買的產品型號與版本

有時候在商家集中地，如光華商場會讓人不知所措，此時，更要冷靜仔細比較各商家，向他們索取詳盡的產品型錄。如果一次購買多項產品，務必請店家開立報價單，在比價時較不易記錯，也增加對商家的約束力，免得真要買時店員翻臉不認人。要注意的是每次報價都有時效性，有效期限多定在報價後的一星期內。

不要忽略小細節。事實上電腦內部的零組件品牌、型號以及版本，對價格的影響算不小，有時候累計下來，價格相差上萬元都有可能，所以報價單上的型號、規格列清楚是一件重要的事。

三、選擇適合自己工作的電腦

電腦科技替換速度之快，可能不到一個月，就會有更新更好的電腦配備出現，所以盲目追求最新穎、快速的電腦，並非是一件有意義的事，而應該以找出適合自己所需的配備才是。

四、詳細檢查產品

當電腦設備送到家裡以後，首先應仔細檢查配備與規格是否與原訂相同，不懂的時候別不好意思問，例如：CPU的型號、RAM的數量、硬碟的大小等都可以從電腦上看出來。

其次是保留各種保證書與說明書。大部分的電腦設備會附有原廠文件，這樣就算出了問題，也比較保障。而且說明書上會有許多調整配備的說明，例如有詳細的說明教使用者如何加RAM；或是短時間這些文件可能用不著，但是時間久了，電腦出了問題，工程師也可參照說明書幫你解決問題。

五、售後服務

售後服務是十分重要的，電腦使用久了就可能會有耗損的問題，如果當時貪個便宜卻忘記售後服務的重要，當產品出現問題就會求救無門，不然就要花更多錢與時間讓別人維修。因此，最好是選擇有較好售後服務的電腦公司。

電腦，那裡買？

1.資訊賣場。

近年來，資訊賣場如雨後春筍冒出，這類賣場的好處就是電腦產品與週邊設備的款式多、種類齊全，部分賣場會提供諮詢中心，讓你不致於迷失在廣大賣場與眾多產品中，你可以慢慢地挑選，好好比較一番。

2.電腦專賣店。

指的是電腦廠商在各地所設立的專賣店，多是提供自家出品的設備。

3.網路郵購。

自從INTERNET盛行之後，許多產品也在網路上供人選購，電腦設備也不例外，在選購之前最好是仔細的確認產品是你需要的，以及網路公司的信用程度，不過，建議不了解電腦的人，最好還是親自前往賣場觀察，抱持著多聽、多看、多問的態度，一定能獲得許多資訊。

4.電腦商圈。

也就是有許多販售電腦的商家集中地，最著名的就是光華商場，可謂是大台北地區電腦產品的集散地。而中南部也有類似光華商場的電腦商圈，例如台中的綠川西街一帶、台南北門賣場、及高雄的建國商場，集中為數不少的電腦商店。

這些商圈內的產品種類眾多，最大的特色在於價格上有極大的彈性。最好是找一個熟悉行情的親友帶路；

如果沒有認識熟悉的人可帶領，你就要謹記上述的注意事項，千萬不要慌了手腳，更不要盲目地下決定，每個細節都要問清楚。

5.電腦展。

台灣每年至少會舉辦一次電腦展，許多廠商都會共襄盛舉，各式各樣的產品傾巢而出，有些競爭在價格上會較有彈性，因為電腦展是不定時舉辦的，所以較適合周邊設備的需求。（見179頁電腦採購指南）

一、個人組裝電腦

若你對電腦有研究可以自己選購，並組裝個人化的電腦；或是也可以請懂得電腦的親友幫你組裝，你只要提供一些工錢即可，交情好的甚至免費幫忙呢。

如果沒有懂電腦的親友可幫忙，目前有些人專門幫人組裝電腦，依照你的經費、需求設備與功能，幫你量身定做，索取組裝的工本費。請人組裝電腦除了對方的誠意信用要注意之外，也可要求他做售後服務，不然電腦出問題便無人可找。

二、二手電腦

假若你使用電腦的頻率不高，或只是做些簡單的工作，在有限經費的顧慮下，選購二手電腦也是辦法之一。不過，二手電腦因被使用過可能有些瑕疵，在選購前最好清楚以下問題：這部電腦有哪些問題？如何去改良缺陷？更新要花費多少錢？與新電腦做一比較是否划算？如果以上答案都能一一解決，你便可以考慮購買。

三、筆記型電腦

筆記型電腦擁有短、小、輕、薄的優點，隨時隨地都能工作，使得工作地點範圍擴大至各處，因此，許多SOHO族將它當作工作上的輔助工具使用。不過，筆記型電腦的價格比個人電腦較昂貴些，採購前請深思一番。以下一些採購時的建議事項供你參考。

1.是否能夠攜帶方便。

選購筆記型電腦的人多考量能隨身攜帶，因此它的方便性就隔外重要，重量輕、體積小可減輕攜帶者的負擔，所以又出現了超薄型電腦，它就是以輕量為號召。如果磁碟機、光碟機都能直接內建在電腦中，更是省去不少麻煩。

2.操作時是否方便簡單。

Notebook常用軌跡感應板（Touch Pad）或觸控點（Track

Point），當做滑鼠來使用。多數的使用者對這二者的操控都不大習慣，如果真的不習慣，建議你多買一隻PS/2接頭的滑鼠，使用前先把它接上電腦再開機，這樣就比較好操作。

3.擴充性的極限有多大。

在選購時，詢問店家能提供多少個PC Card插槽？可否外接螢幕？記憶體最大可擴建到多少MB？至於CPU的升級就得要多注意，並問清楚可升級的範圍。

4.購買自己適用的配備。

筆記型電腦買得合用最重要，勿須多浪費錢。不一定要講究最新最快的設備，買個合用又不多花錢的筆記型電腦即可。

5.電池的壽命。

筆記型電腦最常用的是鎳氫或是鋰離子電池，較好的電池應是鋰離子，供電時間長，沒有記憶效應。有些廠牌的電腦甚至可置入多個電池，對於長時間在外工作的SOHO族是比較方便的選擇。

印表機

有了電腦當然不可缺少印表機，它們將電腦上所做的工作列印出來。

當你在尋找適合的印表機時，要

先決定自己要的品質與功能為何？先介紹一下印表機的種類。印表機可分為三種：點陣式、噴墨式以及雷射式印表機。

一、點陣式印表機

這一型是比較早期的機型，聲音很大，速度也比較慢。

二、噴墨式印表機

目前比較普遍的印表機多是這類機型，其價格較雷射式印表機便宜，聲音比點陣式安靜多了，列印的效果在於噴嘴數目的多寡，越多效果越好，不過仍不如雷射式印表機的品質好。如果僅是列印信函、基本的文件與圖形，噴墨式印表機就足足有餘了。

三、雷射式印表機

如果企劃書必須要精美，或是美術設計的完稿等等，需要速度快、解析度高的印表機，這就非雷射式不可了，不過價格較昂貴。

以上所介紹的設備，多是一般性的基本配備，但每一項SOHO的工作性質不同，而所需的工具也有相異之處，就以攝影SOHO為例，他們第一必需品就是攝影的相關器材，然而，個人電腦對其必須性就比較低，因此在採買之前，必須清楚自己所需的設備優先次序，尤其是在經費受限之時，先添購第一優先的物品為主，建議你規劃一張採購單，採購單中最好標明物品的名稱、數量、價格、優先次序等，當你在採購前就比較有方向，不至於浪費時間與金錢。（見180頁採購單）

其次，創業之初盡可能採用現有的設備，無須因為採購相同的物品而浪費經費，例如你原先有一部486的個人電腦，只要部分零件升級即可，就不必整台電腦更新，等到工作逐漸穩定之後，再添購較新的設備。

完善的設備猶如靈活的四肢，使你工作起來得心應手，協助你順利的完成工作。沒有適當的設備當作工具，則易因綁手綁腳使得工作效率降低，因此，在有限的經費之下，採購必備的工作器材也是一門學問哦！

【傳真機功能表】

傳真機的種類	特色	缺點	價格
感熱紙傳真機	1.價格較便宜。 2.體積比較小、攜帶方便。 3.無須碳粉。 4.零件少、不易故障	1.熱感紙的字跡容易隨時間消失。 2.紙張容易捲曲歸檔不便。 3.無法再次傳真。	多在六千至八千元左右（有些賣場、批發百貨公司價格可以更低，甚至有到四千五百元左右）
一般用紙傳真機	1.傳輸的速度較快。 2.可直接在傳真紙上作修改、記號。 3.文件保存時間較長。 4.清晰度較高。 5.可以再次傳真。	1.售價較高。 2.必須更換碳粉匣。	二萬元左右

【電腦採購指南】

	名稱	特色	網址
電腦商圈	1.光華商場。 2.台中綠川西街。 3.台南北門賣場。 4.高雄建國商場。	1.眾多電腦店家集中。 2.價格空間彈性較大。 3.最佳行情探詢場所	
資訊廣場	NOVA資訊廣場 太平洋T-ZONE T.T. Station Aurora震旦資訊廣場	1.陳列各式各樣的產品。 2.有專人服務與解說產品。 3.購買空間較大且舒適。	www.nova.net.tw www.t-zone.com.tw www.ttstation.com.tw www.acss.com.tw

【採購單】

基本設備	數量	價格	擁有情況（含舊設備的狀況）	購買的優先次序	購買日期
電腦	1個		否□ 是□		
電話	2支		否□ 是□		
印表機	1台		否□ 是□		
傳真機	1台		否□ 是□		
呼叫器	1台		否□ 是□		
大哥大	1支		否□ 是□		
掃描器	1台		否□ 是□		

第七章

SOHO族的生活規劃

第一節 時間管理

大多數人都十分羨慕SOHO族擁有自由自在的工作方式，可以隨心所欲地依照自己的方式做喜歡的事情。的確，他們不像一般上班族被約束在辦公室裡，也沒有硬性規定的工作時間，一切事務都以自我管理。如果一個缺乏自我約制力的人，那麼就容易模糊工作與生活之間的界線，沒有明確的分際，工作就容易蠶食私人時間，生活反而變得一團亂，彷彿總有做不完的事情似的。

筆者當初決定踏入SOHO族這個行列時，也是心想終於自由了，哈！從此可以過著幸福快樂的日子。開始只要有工作做就可以，對於工作時間的規劃也不太了解，心想「兵來將擋，水來土掩」，所以也沒想太多。但在沒有規劃中所接下的工作終於發生撞期的問題，頓時慌了手腳，陷入極恐怖時期，幾乎二十四小時皆處於備戰狀態，日以繼夜的苦撐著，取消所有朋友的邀約，而家人也視我如隱形人，因為大多數的時間都在房裡，幾乎不怎麼與家人交談。

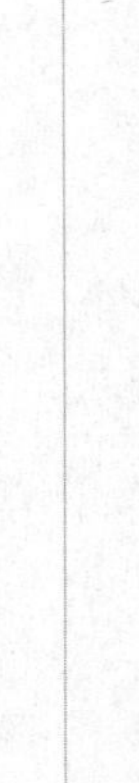

事實上，無法掌控時間就是造成生活與工作混亂的始作俑者。所以當你懂得巧妙運用時間的時候，不僅不會成為時間的奴隸，此時的你，也才算獲得真正的自由。

然而，哪一種才是最佳的時間管理呢？其實並沒有一個定論，而是因個人習慣、工作性質、家庭等各項因素而有所不同，但不管你決定採用那種工作模式，最重要的一點，它必須能在生活、工作、家庭之間取得一個平衡點。

本節將針對造成時間管理不佳的因素、規劃時間管理的步驟作一說明，並提供一些原則與建議，讓你在規劃適合自己的工作時間作為參考。

時間管理不佳的原因

醫生在治療病人之前，須先了解病因，如此才能對症下藥。因此，規劃工作時間表之前，也應先檢視一下自己無法妥善控制時間的癥結點在哪裡？通常可分為以下幾個因素：

一、工作量過大

誰會把上門財神送走呢？SOHO族在創業之初，難免會擔心沒有工作的窘境，因此，一旦有工作機會當然不會放棄，可是若只在乎工作業務的增加，卻沒估計自己能否負荷，將會造成精神與工作的壓力負擔。針對工作過量的因素可再細分下列幾點：

1.對於自己的工作能力有絕對的自信心。

2.害怕拒絕客戶或企業一次之後，失去未來合作的機會。

3.對工作時間的估算不切實際，認為可在有限的時間內做很多事情。

4.缺乏將工作組織化的能力。

當你同時進行多項工作時，若不能有效的組織化，會使桌上文件越堆越高，以至於每件工作都似乎在慌亂中進行。

二、工作計畫安排欠佳

規劃完備的工作計畫，才能循序漸進的一一完成。既然有計畫為何還使你在工作時手忙腳亂呢？甚至發現自己經常與計畫表相悖。最大的因素在於你經常會被其他瑣事所纏身，例如，被電話干擾、或是對工作過於完美的要求，而常常重覆做些不必要的工作，將時間投注在細微末節上，以致降低了效率。

三、缺乏自我約束的能力

成功的SOHO族，最大的特質在於懂得自律，無論是工作、休閒、生

活上都能作一適當的安排。不懂適可而止，且無法自我管理的人，實在不適合從事SOHO族的工作型態，就算嘗試著做也不可能持續下去。你可以藉由下列的診斷書，評估自己的問題點。

時間管理診斷書：請勾出你最常遭遇的問題：

〇很難開始工作，或是無法專心。
〇做事總是拖拖拉拉。
〇容易受到外界干擾。
〇經常會分心。
〇工作狂。
〇經常被瑣事牽絆。
〇缺乏耐性。
〇無法控制工作進度。
〇不知幾時該停下工作。
〇不懂安排工作進度。

規劃適合自己的工作模式

每個人的工作性質、個性、喜好皆不同，工作效率與能力也相異，因此，在規劃適合自己的工作模式時，應配合自己的工作及生活習慣，去建立一套為自己量身定做的工作模式，它必須包括工作時間、休閒、家庭經營、取得資訊、處理文件的流程等等，越詳盡越好，如此一來，就可以讓每件工作都能順利進行。以下提供一些必要的重點事項。

一、設定欲達成的目標

你應該具體且明確地列出想要達到的目標，其中應包括工作、個人成長、休閒、親子關係、事業以及家庭生活等所有目標，並且配合上時間的因素，也就是針對短、中、長期作不同的目標設定。例如，你『今年』的『事業』規模要多大？你計畫今年有幾次的家庭旅遊呢？

二、列出具體的執行計畫表

針對各項設定的目標，規劃出詳盡的執行計畫表，記住，執行計畫越明確就越容易達成。執行計畫表要配合目標的優先次序，所以表中要列出每件事情的輕重緩急，且根據事情的優先順序定出合理的進度。

三、分門別類

當你在安排業務行程、整理檔案、回覆電話或處理信件時，應該將類似的東西歸類在一起。也就是將同性質的事務安排一起解決，既不會亂掉，同時也能節省一些時間。

例如：必須出外與客戶開會時，就可以順便將需要外出處理的事一併解決；每天設定一段固定時間去整理資料，並且一一歸檔，不要想做就去

做，那你會發現一整天都被小事所佔去，反而重要的事務都沒動工呢，正符合「捨本逐末」這句話就慘了。

四、靈活變通

雖然依照計畫去進行工作是必須的，但也不可過於僵化，缺乏彈性，畢竟許多臨時發生的狀況難以預料，應該具有隨機應變的能力，等到狀況處理完畢之後，再繼續回到原本的模式裡。

五、定期評估結果且適時修正

記住，至少每個月要檢討一次行事曆，是否可行？達成率是多少？是否切合需要？並且進行適當的修正。一個好的計畫應該是簡單易行，使你的生活更單純而不是更加複雜。

在「時間陷阱」一書中，作者麥肯思(Alec Mackenzie)表示，每個人應規劃一份自己的「理想工作時間表」，作為每日工作計畫的模型，在安排每日工作計畫時，必須列出重要工作的具體內容。而理想工作時間表應有以下的思考程序：

1.設定好長、短期目標。

2.讓當天的工作配合這些目標。

3.根據當天的工作對整體目標的貢獻，來排定工作的優先次序。

4.依工作的優先次序、需要專注的程

度來排定時間。

5.貫徹到底，運用這時間表幫你度過危機與干擾。

相同的衣服套在不同人身上，穿起來的味道就是不一樣，所以認清自己的特質、個性等各項因素，規劃出適合自己的工作時間表，這可是一門大學問。

規劃一天的工作日誌

你的一天是如何度過的呢？根據之前的建議，規劃好自己的工作模式之後，你應該依照工作的先後次序來安排。你最好準備一本有年、月、星期及每日計畫欄的行事曆，計畫每日的事務、會議、書信及必須打的電話，還有當天要完成的主要事項及其他雜務。

1.列出每日待辦的工作事項。

2.檢視列出的待辦事項重要性。

3.所有的事項依照事情的輕重緩急依次完成。

4.把未完成的事項，排入第二天的待辦事項。

以上即是安排行事曆時應注意的地方，市面上有很多行事曆的種類供你挑選，只要便於自己使用即可，若是電子行事曆則以尋找方便為主要原

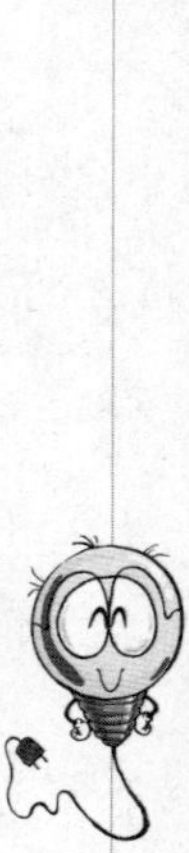

則。

如何作好一天工作的時間規劃？

1.配合自己的工作性質。

每個SOHO族的工作性質不相同，所需要配合的工作時間也不盡相同，所以找出適合自己的工作時間。如攝影SOHO的工作多配合客戶需求而排定，盡可能在客戶與自己的工作時間之間取得一個平衡點。

2.選擇工作效率最高的時間工作。

每個人在一天當中，都有某些時間精神特別好，這時候的工作效率也會特別高，先評估自己的時間波動，在效率最高的時段從事較困難與重要的工作。

3.適當估算工作時間。

根據莫非第二定律所說：「每件事情所花的時間，都比你想像的久」。所以當你估計工作時間，應該給自己一些緩衝時期，適當的估算方式則是將欲估的時間再加上百分之二十左右。例如一個企劃案的完成，按計畫估計約需三十天的時間，那麼最好告訴客戶三十六天完成比較恰當。

4.家庭與休閒時間也要排入。

許多人在安排工作時間常忽略了休閒、家族時間。如何安排休閒時間呢？有人會將平日的工作時間拉長，利用週末假日陪伴家人、從事個人休閒活動等，讓工作就是工作，休閒時就認真休息；或是依照過去朝九晚五的型態工作，也是不錯的方式。

5.適時切換工作型態。

為了能專心工作，可以利用切換工作型態改變工作心情，以免因厭倦而疲累。例如上午做行政事務，下午進行主要事務的工作，但也不要將時間分割的過於細碎，時間過短的話，工作容易無法進入情況，反而形成了反效果。

6.確實的執行。

有時間表總比沒有好，一直隨性所至較容易雜亂無章，且一事無成。而一旦決定工作時間表之後，最重要的還是強迫自己去執行它，否則就形同虛設。

節省時間的方法：

1.分門別類地整理資料及檔案。

2.學會說「不」。

3.善用零碎的時間。

4.在行事曆上預留時間，預防無法預料的拖延。

5.小事情應該要當機立斷。

6.做事注重效率。

打電話、寫信、傳真或與別人談話之前先想想事情的重要性如何，盡可能縮短時間。

休息是為了走更遠的路

SOHO族要懂得適時安排休息，除了每日要安排固定時間喘一口氣之外，SOHO族卻常忽略到休假，常常會擔心如果放假的話，可能會忽視客戶、漏失任何資訊等機會。於是每天就神經緊繃著，就變成了工作狂然後過勞，直到受不了的一天就垮了。

事實上，如果你想要長久在家工作，就應該適時調配休閒與工作的比例。休息是可以治療疲倦、鬆弛工作壓力，讓你在重新工作時能提振心情，提高工作效率。事實上你不必擔心客戶會在休假時流失掉，畢竟客戶是以工作效率與能力來選擇，不可能因休假就換人了，就算真的流失一些客戶也還是有限的。

建議你最好一星期內有兩天以上休假，一年之間也要安排較長的休息，你最好在安排年度計畫及月計畫時事先將休假排入，如此一來，工作計畫加入時就不會產生衝突。

家族時間不可缺少

溫暖的家庭總令人感到幸福與愉快，努力工作不就是為了讓自己與家人過著美好的生活，但若因工作繁忙而忽略家人，家庭也不再和諧，就失去在家工作的意義。MIGI就表示在剛開始成為SOHO時，有時半夜還接客戶詢問的電話，嚴重地影響自己的家庭生活，她認為：「工作固然重要，不要忘記健康與如意的家庭生活，才是首要的人生目標」，所以MIGI將工作時間調整到每天的早上九點到下午六點，其餘的時間就不再工作，把時間留給自己與家人。

在工作之餘，也應該撥些時間與家人交談，與孩子談談學校或是遊戲，甚至偶爾出外享受一下，家庭中和諧的氣氛才是你最大的支柱。

有些SOHO族可能覺得既然要自由自在的工作，又何必讓制式化的時間管理來約束自己呢？事實上，適合的工作方式會讓自己更加自由，不會被瑣碎的工作所綁住，成為時間上的奴隸。

進入SOHO之門

備忘錄

第二節　當工作遇上親情時

建志正與客戶在電話中討論新案子的進度，工作似乎發生些問題，雙方積極地在溝通與協調，然而，門外建志的母親為了午餐的菜單，也不斷地詢問著：「阿志，今天午飯你到底要吃什麼？」已經焦頭爛額的建志，左耳聽著客戶的看法與要求，右耳則是傳入建志媽媽的問話，他恨不得自己練有分身術。不過兩相比較下，還是以生意為重，於是建志只好暫時不理會外面的事。好不容易終於與客戶協調完畢，鬆一口氣後，急忙地想去回話，但是迎面而來卻是生氣的表情，於是建志只好趕快陪笑臉解釋…。

這種兩難的情形，最常發生在家上班的SOHO族身上。是的，當工作遇上親情時，你該如何取捨？當這種情況發生時總是為難，也容易讓客戶產生不夠專業的疑惑；對於家人來說，則有一種被漠視的不舒服感。

回想當初決定在家工作也是希望能兼顧家庭，增加親人之間的感情，然而，家庭關係的處理卻成為SOHO族須解決的難題之一。由於沒有傳統辦公時間的制約，常被誤以為沒有工作在進行，而被家人擾亂了工作時間。

因此，在家工作時，除了自己心

理的調適之外，也需要建立家人的信心指數，並且事前做好溝通，以及不斷地作說明與解釋，只有獲得家人的全力支持，才能使得工作持續下去。

溝通是取得支持的良方

在未知的環境下單打獨鬥是十分艱辛地，若能獲得家人的支持與認同，甚至獲得家人的援助，這一路走來就不至於太辛苦。目前已是知名網路SOHO族及作家MIGI丁肇芸，當初在考慮加入SOHO的行列時，就曾與她老公徹夜長談，兩人經過深思與考慮過後才成行，後來MIGI在工作上也獲得老公不少幫忙。

但如何與家人溝通呢？切記！並非宣告自己加入SOHO行列即可，而是需要逐步地溝通與說明，若操之過急而草率，反倒造成誤解就不好了，以下提供些建議可以作為溝通進行時的參考。

一、解除家人的疑慮

要取得家人的了解與支持，首要就是「安心」，也就是「安」家人的心。對於一個家庭來說，突然間失去一份固定的收入，多少會產生一些不安、疑問，開始擔心未來的生活是否會受影響。

因此，讓家人安心是一件重要的

事情，而解除疑惑的方式就是具體且詳細說明你對工作的想法，最好有完整的計畫書與實際的執行方法，讓家人了解你的用心，讓他們知道你不只是空想或是空中樓閣，僅是一時興起的點子。

二、家人是你第一個客戶

如果能成功的說服家人，從不贊成轉而全面支持你的工作，就是踏出成功的第一步了，所以真誠地去向家人推銷SOHO族的工作型態吧！

當然！若只是空口說白話較難取信於他人，因此，將你的家人當作第一個顧客吧，當然在說服之前要做好萬全的準備，建議不妨花點時間蒐集相關資料。如你對於未來工作進行的計畫與願景有哪些？對於家庭的影響度，請家人提出問題再一一解答，譬如小孩的問題、財務問題以及家庭生活的改變等等。

三、詳定工作規則與習慣

為了不讓家人有被干擾生活的感覺，利用詳盡的管理表標明每項工作流程與方式，除了不會破壞平時的家庭生活，也可以讓工作順利進行，不易被家人或小孩干擾而延誤工作。

四、說明風險的可能性

許多事情都沒有一定的答案，面對無數的未知與不確定，將會遭遇各式各樣的狀況，因此更要明確地讓家人清楚事實的真相，不是一味地說好聽的話，或是灌輸美好的成功願景，理性地評估各種風險與預設的解決方針，如此當你真正遇到困難時，家人才能提供諒解與幫助。

與孩子溝通的方式

部分已婚有子女的ＳＯＨＯ族決定在家工作的因素，是希望能有更多的時間照顧孩子，不過孩子總是不如成年人能了解工作方面的事情，因此，你更需要適當地分派時間，向孩子解釋清楚，不然的話，孩子將會是你工作中最大的負擔，除了讓工作陷入紛亂之外，親子間的關係可能會比上班時更糟。

因此有子女的ＳＯＨＯ族，需注意的事項更多，畢竟孩子的年紀小比較無法了解工作，建議你可以有下列幾種安排：

一、聘請保母、或臨時保母幫忙

有些年紀尚小甚至是嬰兒的小孩，比較會黏著父母親，當你必須工作的時候，最好是請保母在家幫忙，或是定時請臨時保母照顧，如此才能專心工作，否則小孩在旁嘻鬧或是哭泣，都會干擾工作情緒與進度。

如果你的工作性質可以隨性些，不如在孩子睡覺後再工作也可以，總之，年幼的孩子依賴性較重，應該多撥些時間給他們。

二、已經就學的子女

如果孩子已經大到就讀年齡，平時孩子需要上學，此時SOHO族可以利用孩子上課的時間工作，配合學校作息時間來安排工作進度。

盡可能在放學之前完成工作，如果有臨時變動應該向孩子說明，告訴孩子大概要花多少時間工作，幾點之後就可以陪伴他，若是年紀較小可以請臨時保母來幫忙。與孩子一起工作時應注意下列事項：

1.重質不重量。

有些SOHO族在家自己帶孩子，但是人在家，心卻在工作上，這樣是無法增加親子關係，因為總是心不在焉地陪伴，反而讓孩子更覺得自己不受重視，因此，不如排定固定時間陪伴孩子遊戲、談天，在這個時候要全心全意地，將工作暫放一邊。

無法陪伴子女的時間，可以請保

母協助照顧，讓孩子習慣你的工作與休閒時間，讓他們知道哪些時候是可以與你親近的時刻。

2.解釋工作的情況。

當你選擇請人到家照顧小孩時，要讓孩子清楚明白，你的工作地點雖然在家，但仍必須像在公司一樣工作，且排定詳盡地工作與休閒時間。

不過對於年紀較小的孩子可能無法了解為什麼不能找你？因此不必對小孩期望太高，當他們犯錯時可以糾正，但不要過度責怪。

3.約法三章

對於年紀較大的子女，可以以約法三章的方式，訂定一些規則，讓他們有公私分明的概念。

可以設計個可愛的工作時間表，掛在工作地點的外面，譬如幾點到幾點是工作時間用「辛苦的表情」，幾點到幾點是休息則用「笑臉」代替，讓孩子知道笑臉就可以找你。

擁有全世界的財富與金錢，也換不回親情的可愛。如果家庭生活不能和諧、與子女充滿著疏離感，那麼工作成就再高、財富累積再多也是無意義的，這也違背你在家工作的原意。

第三節 健康也很重要

目前從事網路SOHO工作的志明，由於工作性質的需要，經常地必須與電腦膩在一起，因此長時間地面對電腦螢幕，使得工作二年的他，眼鏡的度數已經增加了兩百度，長時間敲打電腦鍵盤的因素，肩膀上會經常性的酸痛，醫生告訴他，他已經得了「五十肩」，而志明今年才三十五歲而已。

每個人都知道身體健康的重要性，卻常常忽略保養自己的身體，身為SOHO族的你，雖擁有專業能力與技術，就算有再好的機會可以發展，但若是缺少一個健康的身體，一切成就都是枉然了。

尤其當你選擇在家工作之後，則承擔的不僅是工作的完成，而是更多瑣碎的事情與責任，因此要讓工作順利地持續下去，必須要有強健的體魄、充分的精神去支撐著。

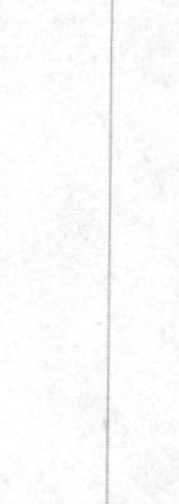

俗話說的好：「錢要賺，身體也要顧」。工作上求好心切是難免的，不過，在全心投入之際，也要注意自己的健康。

美國一位科學研究員培姬．班森曾就電腦對人類健康的影響作過一項研究，她認為：「電腦會嚴重的損害人們的健康，就像菸酒一樣；當我們快樂的吸食或使用時，它們卻未必對我們的健康有益，尤其是當我們使用過度時，更是有害健康。」

是的！電腦確實讓我們在工作、生活更加便利，但是不適當或過度使用，對身體的傷害也不小，這是不容忽視的問題。尤其許多SOHO族必須長時間地面對電腦，所以如何在工作中保護自己？將是本節的重點。

電腦是幫手？還是殺手？

最常見的電腦後遺症就是視力變壞、頸部疼痛等毛病。

第一項後遺症：視力減退

電腦具有強烈的輻射是眾所皆知的事實，也因此有護目鏡的產生，但是保護的程度依舊十分有限。

最好的辦法就是讓眼睛適時地休息，建議你在工作一個小時之後，讓自己離開電腦十分鐘，藉此十分鐘把眼睛閉起來，或是看看遠處的地方，讓眼睛獲得充分的休息，視力就不至於變壞。記住！千萬不要為了工作丟了眼睛。另外也能利用這十分鐘的時間站起來走動走動，伸展四肢的筋骨，一直坐著除了大腹逐漸便便、筋骨酸楚之外，並無多大的好處。

第二項後遺症：頸部疼痛

你工作時覺得肩膀酸痛嗎？如果

是的話，這就是告訴你要休息的警訊，經常在電腦面前打字的SOHO族，由於時時地作反覆性打字動作，很容易造成頸部疼痛。疼痛的主因在於長時間的固定動作，如打電腦、看書、寫字等，由於長時間固定的姿勢會影響關節的新陳代謝及肌肉血流的供應，若加上錯誤的姿勢，對於頸椎的傷害更大。

這種疼痛剛開始只要適時休息或是改變姿勢即可恢復，一旦症狀加重時，常會令人坐立難安，對生活、工作及情緒方面都會受到影響。

因此，建議你盡量維持正確的姿勢，例如看書使用書架；電腦螢幕的高度應做適當的調整，使頸椎前屈的弧度維持在十五度等等。其次，則是定時改變姿勢，就是無論讀書、寫字、打電腦時，每隔十五分至二十分鐘應活動一下頸椎，而運動的原則是朝原來姿勢的相反方向活動。

長時間坐在辦公桌前工作的人，通常忙碌於工作中後就忘記運動的重要，也因此現代人的文明病起因幾乎都是缺乏運動。肥胖也是其中一個問題，由於缺乏運動讓脂肪都堆積在身上，身材就逐漸地變形了。

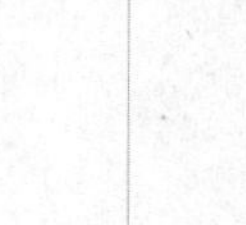

營養不均衡

人說：「呷飯皇帝大」，三餐是每天活力的來源，有體力才能工作嘛！因此，當你一個人獨自工作，是否注意到自己三餐飲食的均衡？還是常常過時便忘記吃飯而有廢寢忘食的情形出現？

如果你常處於營養不均衡的情況下，就要注意囉！別不在意營養的重要性，其實，飲食習慣不正常的人，除了營養不良造成身體上的不適之外，同時也會影響情緒的穩定性，譬如缺乏鈣質的人，容易情緒不穩定，而且意志力不集中；而缺乏維生素B的人，則容易感到疲倦等，因此在營養上要注意均衡，如果過分偏食、飲食習慣不正常，都會影響身體與心理的健康。

所以當你認真工作去填滿荷包時，也不可忘記把自己的肚子餵飽。當然也不是教你猛吃東西，過與不及都是不好的，如果你隨時都在進食中，造成肥胖也是容易導致疾病的。

另外，若因工作忙碌之故，經常性讓自己待在工作室中也是不智之舉，偶爾出去走走曬曬太陽，讓心情放鬆一下，也能提供身體一些自製的維生素D喔！

規劃健康計畫書

工作失敗可以重來，但是失去健康就不易恢復，甚至導致你下半輩子的痛苦。因此SOHO族不僅要懂得規劃工作、生活，也要安排屬於個人的「健康計畫書」，並且好好地去執行它。個人健康計畫書的內容是因人而異，你可隨著自己的健康狀況調整，在此僅作一般原則性的建議。

首先你可分中、長期以及每日的計畫安排，例如每年定期作全身檢查，每個月安排幾次運動休閒時間，每日的營養健康餐點等。

如果你有熬夜做事的習慣最好是改掉，正常的作息時間，除了可以配合對外的客戶，對於健康也是有益的。畢竟有了健康的身體，才能將工作做到盡善盡美，所以要好好珍惜自己的身體。

進入SOHO之門

備 忘 錄

後記

恭喜你！成為SOHO族的一員

「SOHO不是行業，SOHO只是表示自己得負起所有事情的成敗，決策自己下、輸贏自己扛。」這是網路SOHO丁肇芸在書中的一句話。的確！SOHO絕非僅是單純的工作模式改變，也不是逃避傳統企業模式的選擇，而是更積極面對自己個人事業的開始。

若只是一味地想趕上趨勢的列車，而未顧及將會面臨的問題與危機，就猶如飛蛾撲火般，只能遍體鱗傷地回到原來上班的行列中。此時，喪失的不僅是時間、金錢，可能連自信心也深受打擊，所以在決定工作模式之前必定要三思而行。

希望能藉由本書，提供想成為SOHO族的朋友一些衷心的建議，在自在的SOHO生活光環之下，應多方面去思考與評估問題。無論是事前的評估或是事後的執行計畫，應該多角度的觀察與比較，針對自己的各項條件、能力與家人、朋友相談一番，理出清楚的頭緒與方向。

另外，為何有人預言SOHO將是二十一世紀就業市場的新觀念，主要的因素在於它讓人對自己的事業與家庭生活更具主控權，符合個人主義盛行的今日，它讓人在事業與家庭之間取得平衡，讓興趣與工作結合為一。再者也可藉由SOHO的工作方式，洞察自我的經營能力與潛力。

最後還有一點補充，就是對於成為SOHO這樣事業的信念，是當作短期的成就虛榮？還是長期性經營的榮耀呢？為了完成此書我們也向曾從事SOHO工作的人請教，發現SOHO族的流動率極高，許多人來來去去，真正成功經營下去的人卻不多。而本書中提醒讀者SOHO族應具備的條件與能力，譬如具備強勁的意志力、自我約束的能力、行政管理與財務知識及專業技術等，事實上，具備上述條件的人十分多，就算缺乏部分能力，你也可藉由事後的訓練與學習而獲得。只有堅定的信念才是維持下去的主因，有著強硬的堅持力，才能將SOHO生涯長久的經營下去。

期望本書能讓你更清楚SOHO族的工作與生活，提供可以審慎思慮自己工作與生活的方向。最後，衷心期盼每位讀者都能有一個成功的事業，以及幸福快樂的家庭。

國家圖書館出版品預行編目資料

二十一世紀新工作浪潮／廖淑鈴作
．——初版——．台北市：大旗出版：大都會文化發行．
1999（民88）
面；公分
ISBN 957-8219-03-2（平裝）

1.職業

542.7 88000599

二十一世紀　新工作浪潮

作　　者：廖淑鈴
發 行 人：林敬彬
企劃主編：丁奕
執行編輯：思榕
美術編輯：岳霖
封面設計：李譜

出　　版：大旗出版社　局版北市業字第1688號
發　　行：大都會文化事業有限公司
台北市基隆路一段432號4樓之9
電　話：02-27235216　傳真：02-27235220
e-mail：metro@ms21.hinet.net

郵政劃撥：14050529　大都會文化事業有限公司
出版日期：1999年5月初版第1刷
定　　價：200元

I S B N：957-8219-03-2
書　　號：CM001